高等教育教学研究丛书

互联网时代高校思想政治教育创新研究

张瑞煊 赵林洁 著

·郑州·

图书在版编目(CIP)数据

互联网时代高校思想政治教育创新研究 / 张瑞煊，赵林洁著. -- 郑州：河南大学出版社，2025.2.
ISBN 978-7-5649-6254-8

Ⅰ. G641

中国国家版本馆 CIP 数据核字第 2025U9C078 号

互联网时代高校思想政治教育创新研究
HULIANWANG SHIDAI GAOXIAO SIXIANG ZHENGZHI JIAOYU CHUANGXIN YANJIU

责任编辑	林方丽
责任校对	陈 巧
封面设计	张田田

出版发行	河南大学出版社		
	地址：郑州市郑东新区商务外环中华大厦 2401 号　邮编：450046		
	电话：0371-86059715（高等教育与职业教育出版中心）		
	0371-86059701（营销部）		
	网址：hupress.henu.edu.cn		
印　刷	郑州尚品数码快印有限公司		
版　次	2025 年 2 月第 1 版	印　次	2025 年 2 月第 1 次印刷
开　本	710 mm×1010 mm　1/16	印　张	7.25
字　数	114 千字	定　价	45.00 元

（本书如有印装质量问题，请与河南大学出版社联系调换。）

前　言

在当前的信息化社会,互联网的迅速发展和广泛应用无疑对各行各业都产生了深远的影响,教育领域也不例外。互联网不仅改变了人们的生活方式,也改变了知识的传播方式和教育的模式。在这个互联网时代,高校思想政治教育面临着新的挑战和机遇。如何利用互联网技术创新发展思想政治教育,提高大学生的思想道德素质,是当前高校教育的一个重要课题。因此,《互联网时代高校思想政治教育创新研究》一书应运而生。本书旨在探讨如何利用互联网技术的优势,推动高校思想政治教育的创新发展,以适应时代发展的需要,培养出具有坚定理想信念、良好道德品质和高度社会责任感的新时代青年。

本书从互联网时代高校思想政治教育概述入手,对互联网时代高校思想政治教育的管理创新进行了介绍与分析,然后对互联网时代高校思想政治教育的教学方法进行了探讨,最后对互联网时代高校思想政治教育的创新与发展进行了研究。希望本书能够为读者在互联网时代高校思想政治教育创新研究方面提供参考与借鉴。

在写作过程中,笔者参阅了相关文献资料,在此,谨向其作者深表谢忱。

由于作者水平有限,疏漏之处在所难免,希望得到广大读者的批评指正,并衷心希望同行不吝赐教。

著　者
2024 年 9 月

目 录

第一章 互联网时代高校思想政治教育概述 ……………………………… 1
  第一节 互联网时代概述 …………………………………………………… 1
  第二节 高校思想政治教育概述 …………………………………………… 10
  第三节 互联网与高校思想政治教育的融合 ……………………………… 21

第二章 互联网时代高校思想政治教育的管理创新 ……………………… 29
  第一节 教育资源整合与优化管理 ………………………………………… 29
  第二节 教育质量评估与监控管理 ………………………………………… 41
  第三节 教师专业发展与培训管理 ………………………………………… 53
  第四节 学生服务与支持管理 ……………………………………………… 65

第三章 互联网时代高校思想政治教育的教学方法 ……………………… 74
  第一节 互动式教学法 ……………………………………………………… 74
  第二节 体验式教学法 ……………………………………………………… 81
  第三节 情景模拟教学法 …………………………………………………… 86

第四章 互联网时代高校思想政治教育的创新与发展 …………………… 92
  第一节 大数据技术在高校思想政治教育中的应用与发展 ……………… 92
  第二节 虚拟现实技术在高校思想政治教育中的应用与发展 …………… 98
  第三节 人工智能技术在高校思想政治教育中的应用与发展 …………… 104

参考文献 …………………………………………………………………… 110

第一章　互联网时代高校思想政治教育概述

第一节　互联网时代概述

一、互联网时代的含义及特征

互联网时代是指以互联网为核心，融合了大数据、人工智能、物联网等先进技术的时代。在这个时代，信息传播速度加快，信息获取方式多样化，人们的生活和学习方式也发生了巨大变化。

通过互联网，人们可以随时随地获取海量的信息资源。不再局限于传统的书籍和期刊，学生们可以通过网络浏览器、搜索引擎、在线课程等方式，灵活地获取各种学术与非学术信息。这种信息的高度连接性，使得高校思想政治教育的传播更加广泛和便捷。

通过社交媒体、在线论坛以及各种互动平台，学生可以更加积极地参与思想政治教育活动。他们可以通过评论、分享、互动等方式，表达自己的观点，与他人进行交流与辩论。这种互动性和参与性，对高校思想政治教育提出了更高的要求，需要教育者更加注重学生的参与感和互动效果。

互联网技术允许学生按照自己的节奏和兴趣进行学习。他们可以根据自己的需求选择学习资源，制订学习计划，并通过在线学习平台进行自主学习。这种个性化学习为高校思想政治教育提供了更多的可能性，能够满足不同学生的需求和兴趣。

二、"互联网+"概述

（一）"互联网+"的定义

"互联网+"是近年来兴起的一个概念，它将互联网与传统产业相结合，通过信息技术和互联网思维的应用，创造出新的商业模式和价值链。"互联网+"的定义可以从多个角度来理解，这里我们从技术、商业和社会层面入手。

在技术层面上，"互联网+"是指利用互联网技术和信息化手段，将传统产业与互联网深度融合。这种融合不仅仅是简单地将互联网运用到传统产业中，更重要的是通过互联网的智能化、连接化和开放化，推动传统产业的升级和创新。通过"互联网+"的应用，许多行业可以实现信息全面共享、资源高效利用和创新模式产生。

在商业层面上，"互联网+"意味着以互联网为基础，将传统产业的商业模式进行升级。通过互联网技术的应用，企业可以实现线上线下的融合，拓宽销售渠道，提高企业的竞争力和盈利能力。同时，"互联网+"也提供了新的商业机会，许多新兴行业在互联网时代崛起，成为经济增长的新动能。

在社会层面上，"互联网+"是推动社会变革和进步的重要力量。互联网的普及和应用，使信息传播更加迅捷，知识获取更加便捷，人们的生活方式和行为习惯也在发生深刻的变化。在互联网时代，人们可以随时随地获取多元信息和智能服务。这一变革不仅加速了社会的信息化和智能化进程，也全面提升了社会运行效率和民众生活品质。

（二）"互联网+"的主要特点

"互联网+"强调网络连接的全面性和广泛性。与传统的互联网观念相比，"互联网+"不仅仅是在人与人之间建立连接，还包括人与物、物与物之间的连接。通过物联网、传感器等技术的应用，实现对各种设备、物品的互联互通，形成庞大的网络生态系统。

"互联网+"强调创新和协同的能力。互联网技术的应用,可以促进创新观念的产生和传播。从技术创新、产品创新到商业模式创新,"互联网+"为各个行业带来了更多的合作机会和共同发展的空间。"互联网+"也鼓励各方之间的协同合作,通过分享资源、共享信息,提升整体的创新能力与竞争力。

"互联网+"强调数据的重要性和价值。在互联网时代,数据被视为重要的资源之一。收集、整合和分析大数据,可以深入了解用户需求,优化产品与服务,提升用户体验。数据的共享与交互也为各个行业带来了更多的商机和发展空间。

"互联网+"强调用户参与和价值共享。通过互联网技术的应用,用户参与变得更加容易和便捷。用户可以通过社交媒体、众筹平台等方式,参与产品设计,参与决策,成为创新的共同推动者。同时,"互联网+"也带来了用户价值共享的机会,通过分享经济、平台经济等模式,让用户能够分享到更多的利益。

(三)"互联网+"与传统产业的结合

互联网的兴起给传统产业带来了巨大的冲击和机遇。传统产业在面对互联网的挑战时,不得不进行转型和创新,寻求与互联网相结合的新道路。这种结合不是简单地应用互联网技术,而是要深入思考如何利用互联网的特点和优势,改变传统产业的经营模式和发展方式。

"互联网+"与传统产业的结合需要建立共享经济的理念。互联网的特点之一就是强调共享和合作,以用户为中心,通过共享信息、资源和服务,实现互利共赢。因此,传统产业在与互联网结合时,应该思考如何利用共享经济的理念,与消费者、供应商和其他相关方进行紧密合作,共同创造更大的价值。

"互联网+"与传统产业的结合需要注重用户体验和个性化定制。互联网为消费者提供了更多的选择,因此,传统产业在结合互联网时应该注重满足用户的个性化需求和提升用户体验。通过互联网技术,传统产业可以更好地了解用户的喜好和行为习惯,从而提供更加精准和个性化的产品和服务。

"互联网+"与传统产业的结合需要加强创新能力。互联网时代具有变化快、竞争激烈的特点,传统产业在与互联网结合时,必须拥抱创新并增强创新能力。传统产业应该积极引入互联网技术,运用大数据、人工智能等技术手段,提升产品的研发、生产和管理水平,不断创新和改善现有的商业模式和业务流程。

"互联网+"与传统产业的结合需要关注信息安全和隐私保护。随着互联网技术的广泛应用,信息安全和隐私保护成为互联网时代的重要问题。传统产业在与互联网结合时,需要加强对信息安全和隐私保护的重视,建立健全信息安全体系和隐私保护机制,保护用户的利益和数据安全。

(四)"互联网+"的发展阶段

"互联网+"时代是在信息技术高速发展的背景下应运而生的,它标志着信息与各个行业的深度融合。"互联网+"的发展经历了多个阶段,每个阶段都有其特点和发展方向。

从技术融合的角度来看,"互联网+"的发展经历了从单向互联网扩展到多向互联网的阶段。起初,互联网主要是点对点的信息传输方式,用户只能被动接收信息。随着技术的进步和人们对信息的需求不断增加,互联网开始向多向互联网转变。这意味着用户不仅可以主动获取信息,还能够互相交流,共享信息资源。

从应用范围的角度来看,"互联网+"的发展经历了从单一行业向多个行业拓展的阶段。最初,互联网的应用主要集中在信息传递和电子商务领域。随着互联网技术的成熟和应用的普及,越来越多的行业开始利用互联网实现创新和发展。如今,旅游、教育、医疗、金融等各个领域都已经进入了"互联网+"时代,通过与互联网的深度融合,实现了更高效的运营和更好的用户体验。

从商业模式的角度来看,"互联网+"的发展经历了从线下转向线上的阶段。在互联网时代,越来越多的企业开始采用线上商业模式,通过互联网平台将传统的线下服务转变为线上服务。这不仅提高了效率和便利性,还为企业带来了更多的商机和发展空间。通过大数据、人工智能等技术手段的应用,企业能够更好地了解用户需求,提供个性化的产品和服务。

从社会互动的角度来看,"互联网+"的发展经历了从信息传递到社交互动的阶段。互联网的兴起给人们提供了更多的社交渠道,打破了时间和空间的限制。通过社交平台,人们可以方便地分享信息,交流想法,建立社交关系。这种社交互动的方式不仅改变了人们的生活方式,也为社会的进步和发展带来了新的机遇。

三、互联网时代的技术发展

(一)"互联网+"的技术支撑

"互联网+"作为一种新的商业模式,需要强大的技术支撑来实现其宏大的目标。在互联网时代,各种先进的技术正在被广泛应用,并逐渐改变着传统行业的运作方式。

1. 人工智能技术

通过人工智能技术,传统业务可以实现自动化、智能化和个性化服务。例如,在电子商务领域,人工智能的推荐算法,可以根据用户的行为习惯和兴趣,个性化地推荐商品,提升用户的购物体验。人工智能技术还可以用于金融、医疗、交通等领域,帮助企业提升效率、降低成本,并为用户提供更好的服务。

2. 大数据技术

在互联网时代,海量的数据不断产生和积累,如何高效地利用这些数据成了一个迫切的问题。大数据技术通过收集、存储、分析和挖掘海量的数据,可以为企业提供更准确的市场分析、用户画像和决策支持。例如,在电商行业,通过对用户数据的深度挖掘和分析,企业可以了解用户的消费习惯和偏好,并根据这些数据开展精准营销,提高销售额。

3.云计算技术

传统的企业往往需要投入大量的资金建设自己的信息技术基础设施,而云计算技术的出现解决了这个问题。通过云计算,企业可以按需购买和使用各种计算资源,这不仅可以避免大量的资金投入,还可以根据实际需求灵活地调整和扩展资源。云计算技术的应用使得企业可以更加聚焦核心业务,并在较短的时间内推出新的产品和服务。

(二)"互联网+"的技术趋势

随着信息技术的不断发展和进步,互联网时代的技术趋势也呈现出明显的特点。人工智能技术的广泛应用将成为"互联网+"的重要驱动力。人工智能技术已经呈现出突破性的进展,在语音识别、图像处理、自然语言处理等方面展现出强大的能力。人工智能技术将进一步深化互联网与其他领域的融合,为各行业带来更加智能化、高效化的解决方案。

物联网技术的迅猛发展将推动"互联网+"向深度融合跃迁。物联网技术通过将各种物体与互联网连接起来,实现了物与物的智能互联。在互联网时代,物联网技术将继续发展壮大,各种设备、传感器、智能终端将实现高度智能化的连接和协同工作,为人们提供更加智能、便捷的生活方式。

大数据技术的广泛应用也是"互联网+"技术趋势的重要方向之一。大数据技术通过对海量数据的采集、存储、处理和分析,能够发现数据中的规律和价值,为各行业提供数据驱动的决策支持。在互联网时代,大数据技术将成为各行业的核心技术之一,其可以帮助企业更好地了解用户需求,驱动精细化运营,并推动创新产品和服务的持续涌现。

区块链技术的兴起也将对"互联网+"产生深远的影响。区块链技术以其去中心化、透明化、安全性高等特点,为企业的数字化转型提供了新的解决方案。在互联网时代,区块链技术将进一步用于金融、供应链管理、公共服务等领域,推动产业的数字化升级。

(三)"互联网+"的技术挑战

随着互联网时代的到来,大数据处理成为一项重要的技术挑战。在互联网的浪潮下,大数据规模呈现爆发式增长,如何高效处理和分析庞大的数据成为迫切的问题。因此,研发人员需要研发更先进的数据处理和分析技术,以满足不断增长的数据需求,并提供精准、可靠的数据支持。

信息安全问题是"互联网+"技术挑战中的一大难题。在互联网的普及和应用中,信息的传输和存储面临着安全风险,如个人隐私泄露、网络攻击等。因此,加强网络安全技术的研发和应用显得尤为重要。这就要求网络管理部门必须建立完善的信息安全体系,提供强大的数据加密和防护措施,以确保用户的信息安全。

人工智能技术的发展也带来了新的挑战。在互联网时代,人工智能应用范围不断拓展,包括机器学习、自然语言处理、图像识别等。随着人工智能技术的快速发展,该领域也出现了一些问题,如算法的不透明性、伦理道德问题等。因此,需要加强对人工智能技术的监管与规范,并研究解决相关问题的方法,以充分发挥人工智能在"互联网+"中的作用。

云计算、物联网、区块链等新兴技术的应用也带来了一系列的技术挑战,尤其是在数据流通、隐私保护、技术标准等方面,需要进一步研究和探索。只有通过不断创新和提高技术水平,才能应对互联网时代的技术挑战,实现更加高效、安全和可持续的发展。

互联网时代的技术挑战众多,但同时也给人们带来了许多机遇与可能。只有通过持续创新,开展深度研究,并与相关领域开展合作,才能充分应对这些挑战,从而推动互联网时代的技术发展,为社会带来更多的福祉。

四、"互联网+"的影响

(一)"互联网+"对经济的影响

在互联网时代,互联网技术的广泛应用对经济产生了深远的影响。"互联网+"为传统产业带来了新的发展机遇。通过将互联网技术与传统产业深度融合,传统企业能够通过线上线下一体化的运营模式,实现产业升级与转型。这不仅促进了企业的创新能力和竞争力的提升,也创造了新的就业机会。例如,通过电子商务平台,传统零售企业得以拓展销售渠道,提高销售额;餐饮业通过互联网订餐平台实现更高效的服务,提升了就餐体验。

"互联网+"的发展也催生了新的经济模式和商业模式。以共享经济为例,通过互联网平台,人们可以将闲置资源共享出来,实现资源的最大化利用。这不仅促进了资源配置效率的提升,也创造了更多的就业机会。共享经济的兴起不仅改变了传统行业的运作方式,也创造了全新的产业链和商业生态。例如,共享单车、共享办公等新兴行业,通过互联网平台的便利性和低成本,使得人们的出行和办公方式发生了重大变化。

"互联网+"还推动了数字经济的快速发展。通过互联网技术,数字化产品和服务得以迅速普及。如今,包括电子商务、在线支付、移动支付等在内的数字经济已经成为经济增长的重要引擎。数字经济不仅为企业带来了更多的商机,也为消费者提供了更便捷的购物方式和生活服务。例如,通过电子商务平台,消费者可以随时随地购买所需商品,无论是日常用品还是高端产品,人们都可以通过互联网便捷获取。

(二)"互联网+"对社会的影响

在信息传播方面,"互联网+"为社会带来了更便捷的信息交流渠道。通过互联网,人们可以实时获取丰富的信息资源,无论是新闻资讯、学术研究,还是文化娱乐,都可以通过网络进行访问和分享。信息的流动性和传播速度的加快,缩短了人们获取信息的时间,打破了空间障碍,加快了社会的信息化进程。

"互联网+"对社交模式产生了巨大的影响。传统的社交模式主要依靠面对面的交流,然而,互联网的兴起改变了人们的社交方式。通过社交媒体平台,人们可以方便地结交新朋友,进行虚拟社交,分享生活点滴,交流意见和观点。这种虚拟社交不仅丰富了人们的社交圈子,还促进了人与人之间的交流和合作,增强了社会的凝聚力。

"互联网+"改变了社会的经济结构和商业模式。通过互联网平台,人们可以进行网上购物、在线支付、远程办公等一系列经济活动,打破了时间和空间的限制,提高了效率。同时,"互联网+"催生了共享经济,人们可以通过共享经济平台共享闲置资源,实现资源的最大化利用。这种共享经济模式有效促进了社会资源的节约和再利用,推动了经济社会的可持续发展。

"互联网+"对社会的文化与教育产生了重大的影响。网络媒体的迅速发展和普及,为文化传承和知识传播提供了全新的平台。通过互联网,人们可以轻松获取大量的文化艺术作品,参与各种形式的线上教育活动。同时,互联网也为教育提供了全新的方式和工具,如在线课程、远程教育等,改变了传统教育的方式和范式,使得教育更加开放和普惠。

互联网时代的到来对经济、社交、商业、文化、教育等方面产生了深远的影响。在数字化时代,人们需要积极把握"互联网+"的机遇,深入理解其内涵和特点,努力推动社会的进步和创新,以应对这个快速发展的数字化时代的挑战和机遇。

(三)"互联网+"对人们生活的影响

在互联网时代,人们的生活发生了前所未有的变化。互联网的快速发展和广泛应用对人们的日常生活产生了深远的影响。

互联网的普及使人们的生活更加便捷。通过互联网,人们可以随时随地获取所需信息,也不再需要亲自前往书店或商场,只需一部手机或一台电脑,就能够满足各种需求。例如,人们可以通过在线购物平台购买所需的商品,不仅节约了时间和精力,还能够享受到更多的选择和更便宜的价格。

互联网为人们提供了丰富的学习资源和社交平台。通过互联网,人们可以轻松地获取各种知识和学习资源,例如在线课程、教育视频等。人们可以根据自己的需求和兴趣选择学习内容和学习时间,不再局限于传统的教育方式。互联网也为人们提供了广泛的社交平台,使得人们可以方便地与朋友、亲人以及来自世界各地的人们进行交流和分享。

互联网也给人们的生活带来了一些挑战和问题。互联网的便利性和普及性使得人们过度依赖网络,尤其是年轻人,他们经常沉浸在虚拟的世界之中,忽视了现实生活中的人际关系和实际需求。随着互联网的发展,个人信息泄露和其他网络安全问题也日益严重,人们的隐私和权益面临着不小的威胁。

第二节 高校思想政治教育概述

一、高校思想政治教育的意义

(一)对个人全面发展的意义

在高校,思想政治教育对个人的全面发展具有重要意义。思想政治教育可以促进学生的心智成长。通过学习党的理论和国家法律法规,学生可以逐渐形成正确的世界观、人生观和价值观,培养自己的思辨能力和判断力。思想政治教育可以提高学生的社会责任感。通过学习国家的发展历史和社会发展的规律,学生可以深刻理解到自己是社会的一员,有责任参与社会进步和发展。思想政治教育还可以拓展学生的社会交往能力。通过参加各类学校组织和社会实践活动,学生可以增强与他人沟通合作的能力,培养自己的团队意识和领导能力。

个人全面发展对每个高校学生而言都至关重要。高校思想政治教育作为培养学生全面发展的重要环节,需兼顾学生的个性发展和综合素质提升。高校在育人过程中,不仅要关注学生学术能力的提升,也要重视其道德修养的培养。同时,个人全面发展还需要关注学生的身心健康,高校需引导学生养成健康的心理品质和良好的生活习惯,而思想政治教育更应重视学生的品行修养培养,通过价值引领帮助学生树立正确的人生观和价值观,塑造兼具学识与德行的健全人格。

高校思想政治教育对个人全面发展有着深远的意义。它不仅可以促进学生心智的成长,提高他们的社会责任感,还可以为他们拓展社会交往能力及实现个人良好的发展奠定坚实的基础。因此,高校应该重视思想政治教育并加强相关工作,为每位学生提供良好的思想政治教育环境,助力他们实现个人全面发展的目标。

(二)对社会和谐稳定的意义

高校思想政治教育对社会的和谐稳定具有重要意义。在当代社会中,社会的和谐稳定不仅仅是指各个阶级、群体之间的关系和互动的稳定,更是社会发展和进步的基石。高校思想政治教育作为培养和引导新生代大学生养成良好价值观和社会责任感的重要途径,对实现社会的和谐稳定起到了关键作用。

1. 培养大学生的社会责任感和团队意识

通过多种形式的教育活动,学生能够深入了解社会发展的现状、问题和挑战,进而意识到自身肩负的社会责任和使命。在培养学生的团队意识方面,高校思想政治教育强调集体协作,让学生在团队中分工合作,互相支持与尊重,进而提高他们处理复杂社会问题和解决分歧的能力。

2. 增强学生的社会公德和法治观念

大学生是未来社会的中坚力量,他们的行为和价值观将直接影响社会的和谐稳定。通过思想政治教育,学生能够从多个角度了解社会公德和法治的重要性,并自觉地遵守社会规范和法律法规,树立正确的义务意识和法治观念。这不仅有助于维护社会的公平正义,也为社会的稳定发展提供了坚实的基础。

3. 培养学生的社会互助精神和包容意识

社会和谐稳定需要个人之间相互帮助和理解,因此高校应注重培养学生的社会互助精神。通过宣传和教育,学生能够认识到自己应当积极帮助他人,主动参与社会公益活动,并发扬友爱、互助的精神。同时,高校思想政治教育也注重培养学生的包容意识,使其能够尊重他人的不同观点和生活方式,增强社会的凝聚力和稳定性。

高校思想政治教育对社会的和谐稳定具有重要意义。它能够培养大学生的社会责任感和团队意识,增强学生的社会公德和法治观念,以及培养学生的社会互助精神和包容意识。通过这些途径,高校思想政治教育为实现社会的和谐稳定提供了有力的支持和保障。

(三)对国家长远发展的意义

在高校教育系统中,思想政治教育不仅对个人的全面发展和社会的和谐稳定具有重要作用,同时也对国家的长远发展具有深远意义。在这一方面,高校思想政治教育发挥着至关重要的作用。

高校思想政治教育对国家的长远发展意义重大。一个国家的长远发展需要有稳定的社会环境和良好的国民素质作为基础。高校思想政治教育有助于塑造学生正确的世界观和价值观,提高他们的思想道德水平,培养他们的社会责任感和公民意识。这些素质的培养有助于为国家的长远发展提供优秀的人才储备,为国家的进步和繁荣奠定坚实基础。

高校思想政治教育对国家的长远发展产生了积极影响。一个强大的创新型国家,需要具备创新思维和创新精神的人才。高校思想政治教育可以帮助学生树立正确的创新观念,激发他们的创造力和创新潜能。通过培养大学生的创新意识和创新能力,国家可以获得更多的创新成果和进步技术,推动国家的科技创新能力进一步提升。

高校思想政治教育对国家的长远发展具有道义引领作用。一个国家在发展过程中,往往也会面临道德价值观的挑战。高校思想政治教育可以帮助学生树立正确的道德观念,弘扬社会主义核心价值观,引导学生树立正确的人生观和价值取向。这种道义引领作用可以有效地提升国家的道德水平,推动社会风气的良好发展,稳固国家的社会基石。

高校思想政治教育为国家的长远发展提供了有力支持。通过对个人全面发展的影响、对社会和谐稳定的促进以及对国家长远发展的引领作用,高校思想政治教育为国家发展提供了强有力的支持。因此,必须高度重视高校思想政治教育的地位与作用,积极创新教育方法与内容,确保思想政治教育工作的有效实施。

二、高校思想政治教育的目标

(一)提高理论素养

作为高校思想政治教育的目标之一,提高学生的理论素养具有重要的意义和价值。

提高理论素养有助于巩固学生的思想基础。理论知识是高校学生进行学术研究、深入社会实践、解决实际问题的基础。只有提高理论素养,学生才能够更好地理解和把握理论知识,从而更准确地指导自己的学习和实践。

提高理论素养有助于培养学生的创新精神和独立思考能力。理论素养可以帮助学生掌握科学的研究方法和思维方式,培养他们分析问题、解决问题的能力。通过学习各种理论知识,学生可以拓宽自己的思维深度和广度,从而提升自己的创新能力和独立思考能力。

提高理论素养有助于增强学生的社会责任感和使命感。在当今社会,各种新问题和新挑战层出不穷,需要具备科学理论的人才来解决。通过提高学生的理论素养,他们可以更好地把握社会主义核心价值观,牢记自己的社会责任,以实际行动为实现社会发展和进步贡献力量。

总的来说,提高理论素养在高校思想政治教育中具有重要的地位和作用。增强学生对理论知识的了解和掌握,可以夯实学生的思想基础,培养他们的创新能力和独立思考能力,同时也能激发学生的社会责任感和使命感。因此,我们应该加强高校思想政治教育中对理论素养的培养,为培养德智体美劳全面发展的社会主义建设者和接班人做出积极贡献。

(二)培养社会主义核心价值观

1. 加强社会主义意识的传承

在新时代,社会主义核心价值观不仅是国家的价值追求,更是民众共同的价值信仰。通过高校思想政治教育,学生可以深入了解社会主义核心价值观的内涵和意义,并在实践中加以贯彻。这将有力地推进社会主义意识的传承和发展,为实现中国特色社会主义事业提供坚实的思想基础和道德支撑。

2. 推进社会主义现代化建设的进程

社会主义核心价值观旨在塑造良好的社会价值观念,鼓励人们追求共同的美好目标,促进社会的稳定和进步。当大批受过高校思想政治教育的毕业生踏入社会时,他们所具备的社会主义核心价值观将指导他们的行为和选择。他们将以自己的行动践行社会主义核心价值观,为社会主义现代化建设贡献力量。

3. 促进个人全面发展

社会主义核心价值观注重人的全面发展,强调个体与社会的和谐统一。高校思想政治教育应该注重引导学生探索个人意义和社会意义的关系,促进他们形成自己独立而正确的世界观、人生观和价值观。这不仅有助于学生个体的发展和成长,也为他们实现自己的人生价值提供了重要的思想支撑和道德指引。

(三)树立正确的世界观、人生观和价值观

为了深入贯彻落实思想政治教育的目标,高校思想政治教育的重点之一是培养学生树立正确的世界观、人生观和价值观。在现代社会,人们面临着日新月异的变化和多元化的价值观念碰撞,而正确的世界观、人生观和价值观对青年学生的成长和发展至关重要。

在树立正确的世界观方面,高校思想政治教育需要引导学生形成全球化的视野和开放的心态。学生应该尊重不同国家、地区和文化的差异,包容不同的观点和思想。处于新时代的高校学生要以开放的心态去理解、接纳和适应全球化的挑战和机遇,增强全球意识和全球竞争力。

高校思想政治教育应当帮助学生树立正确的人生观。教育学生在追求个人成功和自我价值实现的过程中,必须牢记自己是社会的一员,应当积极投身到社会建设和发展中去。教育学生要有担当精神,在追求人生的价值和意义的过程中不仅要关注个人的利益,也要关爱他人、关心社会、关注世界。

高校思想政治教育需要引导学生树立正确的价值观。在当代社会,包括物质、金钱、权力在内的各种诱惑都会对学生的价值观产生冲击。因此,高校思想政治教育应当帮助学生明确自己的价值取向,培养积极向上、健康向善的价值导向,形成正确的人生追求和行为准则。在这个过程中,学生应该明确自己的核心价值观,通过深入讨论和研究,明确自己对人生和社会的目标和追求。

三、高校思想政治教育的原则

(一)立德树人

立德树人是高校思想政治教育的核心内容和基本要求。高校作为培养人才的重要阵地,肩负着培养社会主义建设者和接班人的使命。立德树人的目标是通过思想政治教育,培养学生的崇高道德情操、正确的世界观和价值观,提高他们的道德素养和社会责任感。

1. 培养学生的道德品质和个人素养

高校思想政治教育应该注重培养学生的道德观念、道德情感和道德行为,引导他们树立正确的世界观、人生观和价值观。通过道德教育,学生能够在日常生活和学习中形成正确的道德选择和判断能力,做到克己奉公、团结友爱、诚实守信等。高校还应注重培养学生的个人素养,培养他们的自我管理、自我约束和自我提升能力,使他们能够成为有理想、有道德、有文化、有纪律的社会主义建设者。

2. 培养学生的创新精神和实践能力

高校思想政治教育应该引导学生树立创新意识,培养他们的自主学习能力、批判性思维和创新思维。通过实践教育,学生能够将所学知识用于实际,提高解决问题的能力和创新能力。高校还应该提供丰富多样的实践机会,如社会实践、社团活动等,让学生在实践中进行思考,发现问题,解决问题,从而培养他们的实践能力和创新精神。

3. 培养学生的国家和社会责任感

高校思想政治教育应该引导学生认识到自己是祖国未来的建设者和接班人,培养他们的国家和社会责任感。通过学习国家发展的历史和现状,学生能够认识到国家利益和社会发展的重要性,增强为国家和社会做贡献的意识并自觉行动。高校还应该创造条件,让学生积极参与社会实践,增强他们的社会责任感和社会参与意识。

4. 培养学生的自主学习和终身学习的能力

高校思想政治教育应该引导学生养成积极主动的学习态度和良好的学习习惯,培养他们的自主学习和终身学习的能力。通过开展学习方法培训,学生能够学会有效的学习方法,养成自主学习的习惯。高校还应提供丰富的学习资源和学习环境,培养学生的自主学习和独立思考能力,使他们具备适应社会发展和知识更新的能力和素质。

(二)围绕中心,服务大局

高校思想政治教育的一项重要原则是围绕中心,服务大局。这意味着高校思想政治教育必须紧密围绕党和国家的中心工作,服务国家的发展大局。在当今社会,全面建设社会主义现代化国家是我们的中心任务,高校思想政治教育应当围绕这一中心目标展开。通过思想政治教育,培养学生的综合素质,提高学生的政治理论水平,培养他们对国家、社会、民族的认同感和责任感,以推动国家的社会主义建设。

围绕中心,服务大局的原则要求高校思想政治教育紧密结合国家发展战略和需要,将社会主义核心价值观作为教育的重要内容。通过加强对社会主义核心价值观的宣传教育,学生能够树立正确的价值观,并将其内化为行为准则和生活方式。通过这样的思想政治教育,学生将更好地发挥自己的作用,为社会主义建设贡献力量。

围绕中心,服务大局的原则也要求高校思想政治教育密切关注国家和社会的重大问题,引导学生关注社会热点,提高他们的社会责任感和公民意识。在当今复杂多变的社会环境下,学生需要具备正确的政治判断力和决策能力,才能更好地适应社会的发展需求。因此,高校思想政治教育应当注重培养学生的思辨能力和批判精神,帮助他们正确理解国家和社会的发展方向,以便更好地为国家和社会发展做出贡献。

围绕中心,服务大局是高校思想政治教育的重要原则。高校应当通过思想政治教育,培养学生的综合素质和政治理论水平,引导他们树立正确的价值观,关注国家和社会的发展需求,以更好地为社会主义建设贡献力量。只有紧密围绕中心,服务大局,才能使高校思想政治教育为培养德智体美劳全面发展的社会主义建设者和接班人打下坚实基础。

(三)结合实际,注重实效

在高校思想政治教育中,结合实际,注重实效是一个非常重要的原则。

结合实际,意味着教育内容、方法和手段必须与学生的实际情况相结合。这就要求高校管理者应深入了解高校学生的具体特点和需求,针对他们的思想观念、兴趣爱好、社会背景等方面进行有针对性的教育。只有真正了解学生的实际情况,才能做到因材施教,使思想政治教育更加贴近实际,更加具有针对性和实效性。

注重实效则是强调高校思想政治教育的目的在于取得实际成效,培养学生的思想觉悟和道德修养,提高他们的思辨能力和创新能力。实效不是简单地停留在传授知识和灌输理论上,而是要求高校管理者应注重培养学生的认同感和行为实践能力。通过思想政治教育,学生应该能够更好地理解党的教育方针和社会主义核心价值观,将其转化为实际行动,积极参与社会生活,为社会的发展和进步做出贡献。

为了实现结合实际和注重实效的目标,高校管理者应采用多种有效的教育手段和方法。例如,可以通过案例分析、讨论活动、实地考察等形式,引导学生深入思考和探讨社会热点问题,培养他们分析和解决问题的能力。可以利用新媒体技术开展在线教育,让学生在虚拟环境中进行自主学习和交流,提高学习的灵活性和互动性。

只有把学生的实际情况和需求作为教育的出发点和落脚点,注重培养学生的实践能力,才能够真正实现高校思想政治教育的目标,为学生的成长成才,为社会的发展进步做出贡献。

四、高校思想政治教育的地位与作用

(一)在高等教育中的地位

高校思想政治教育是高等教育的基本任务之一,旨在培养学生正确的世界观、人生观和价值观,增强学生的思想道德素质。高校作为培养国家建设者和接班人的摇篮,其思想政治教育的地位不可忽视。

高校思想政治教育在培养学生综合素质和发展潜能中起到至关重要的作用。高等教育不仅仅是传授学科知识,更是为学生的成长提供全面的指导和引领。高校通过开展各种形式的活动,帮助学生树立正确的人生观和价值观,增强其道德意识和社会责任感,培养学生的创新思维和领导能力。

高校思想政治教育还承担着引导学生积极参与社会实践和公共事务的重任。在当今社会,高等教育不仅要培养学生的专业知识和技能,还要使他们具备社会责任感和公民意识。高校通过组织社会实践、开展公益活动等方式,引导学生关心国家大事、社会问题,培养他们的社会责任感和参与精神。

高校思想政治教育在高等教育中具有重要的地位。通过正确的教育手段和方法,高校思想政治教育能够培养学生正确的价值观、道德观和世界观,提高其综合素质和发展潜能,引导他们积极参与社会实践和公共事务。因此,高校思想政治教育应得到足够的重视和支持,为培养优秀的建设者和接班人做出应有的贡献。

(二)对培养合格建设者和可靠接班人的作用

高校思想政治教育肩负着为社会培养合格建设者和可靠接班人的重要使命。

在培养合格建设者方面,高校思想政治教育注重培养学生的理想信念和价值观念,使他们具备正确的世界观、人生观和价值观。通过开展各种形式的课程和活动,学生在思想政治教育中不仅学到了专业知识,还加深了对社会发展、国家建设、人类命运共同体的理解。这些理念和观念的灌输,使得学生在未来的工作中始终坚持正确的道德底线,做到以人民为中心,积极为社会主义事业贡献力量。

在培养可靠接班人方面,高校思想政治教育强调培养学生的各项能力和素质。作为社会主义事业的接班人,学生需要具备较高的综合素质和扎实的专业基础。高校通过开设各类选修课程和社会实践活动,加强学生对思想政治知识的学习和掌握,提升学生的自主学习和实践能力。高校还注重培养学生的创新思维、团队协作精神、领导能力等,使他们具备成为未来社会发展中的中坚力量的能力和素质。

高校思想政治教育在培养合格建设者和可靠接班人的过程中,需要注重与社会、企业等外部环境的有效对接。思想政治教育应当贴合当前经济社会发展的需要,使学生在学习中融入社会实践和企业需求,不断增强自己的适应能力和应对问题的能力。这样,高校培养的合格建设者和可靠接班人就能更好地投身社会,为国家的繁荣和发展贡献自己的力量。

通过培养学生的理想信念和价值观念,提升他们的综合素质和专业能力,高校思想政治教育不仅为学生的个人成长奠定了坚实的基础,也为社会和国家的发展培养了一支可靠的人才队伍。因此,高校思想政治教育的重要地位不容忽视,其作用也是不可替代的。

(三)对高校学生的思想引导作用

高校思想政治教育在高校学生的思想引导方面起着至关重要的作用。作为学生在大学期间接受教育的重要环节,思想政治教育通过各种形式和途径,对学生的思想进行引导和塑造,促使他们在思想上逐渐形成正确的世界观、人生观和价值观。

高校思想政治教育通过课程设置和教学方法的更新,积极引导学生形成正确的思想观念。在课堂上,教师们以新颖的教学方式、案例分析和互动讨论,引导学生深入思考社会热点问题、道德伦理问题等,使他们逐渐认识到作为大学生对社会和国家的责任和担当,并提升他们的社会责任感。

高校思想政治教育通过组织丰富多彩的校园活动,加强学生的思想熏陶和价值观塑造。学校可以通过举办讲座、座谈会、文化节等一系列活动,邀请知名学者和专家,与学生分享知识和经验,激发学生的思维能力和创造力。学校还可以组织一些社会实践活动,如引导学生到社区、乡村等地参与志愿服务,让他们亲身感受社会的现实问题,培养他们的社会责任感和公民意识。

高校思想政治教育应充分发挥辅导员的作用,辅导员可在学生的思想引导方面起到积极的作用。辅导员作为学生的指导者,可以通过个别谈心、心理辅导等方式,了解学生的思想动态和需求,提供及时的咨询和帮助。辅导员应成为学生的良师益友,耐心倾听学生的烦恼和困惑,从而帮助他们树立正确的人生观和价值观。

第三节　互联网与高校思想政治教育的融合

一、互联网对高校思想政治教育的影响和挑战

(一)互联网对高校思想政治教育的影响

互联网时代的迅速发展给高校思想政治教育带来了深刻的影响。互联网打破了传统教育的时空限制,实现了信息的全球共享和互动。学生们仅凭一部手机或一台电脑就能接触到世界各地的各类信息资源,这为高校思想政治教育提供了广阔的平台。

互联网的出现,使得高校思想政治教育具备了更多的形式和方式。传统的线下教育活动可以与互联网相结合,采取线上线下混合的教育模式。通过线上教学平台、微信公众号、网络论坛等工具,高校思想政治教育可以更加灵活多样地开展。

互联网为高校思想政治教育提供了更加丰富的内容资源。学生可以通过各种途径、各种渠道获取到不同类型的内容,不再局限于传统教材和教师的讲述。他们可以通过网络阅读、在线视频、电子书籍等方式自主学习和探索,拓宽了知识面和视野。

互联网对高校思想政治教育的影响还表现在学生参与度的提高。互联网所提供的交互性和参与性较强的教育平台,使得学生可以更加积极地参与学习和讨论。他们可以在网络上与其他同学进行知识交流,参与学术研讨和社交活动,加深对思想政治教育的体验和理解。

(二)互联网对高校思想政治教育的挑战

在互联网时代,高校思想政治教育面临着诸多挑战。互联网带来了知识获

取的便利,但也带来了信息碎片化和虚假信息的泛滥。学生在互联网上可以轻易地查找到各种观点和资料,但是否能辨别真伪、正确使用这些信息是一个问题。高校思想政治教育者要引导学生正确理解和评估互联网上的信息,提高他们的信息素养。

互联网提供了更多的娱乐和消遣方式,使得学生更容易分散注意力,难以集中精力学习和参与思想政治教育。互联网上的游戏、社交媒体和短视频等吸引了大量的学生,对他们思想政治教育的参与程度产生了不可忽视的影响。高校思想政治教育需要寻找有效的方式,激发学生的学习兴趣,提高他们对参与思想政治教育的积极性。

互联网的在线交流和社交互动给高校思想政治教育带来了新的挑战。学生们更倾向于在网络上表达自己的观点,通过社交媒体和论坛等平台与他人互动。这种社交互动的方式可能加强了学生们之间的联系,但也可能导致封闭性和信息同质化。高校思想政治教育者需要借助互联网工具,创造更开放、多元的交流环境,鼓励学生广泛接触不同的思想流派,培养他们的独立思考和批判性思维能力。

互联网时代下的高校思想政治教育面临着学科交叉与跨界合作的挑战。互联网技术的快速发展使不同学科领域之间的交叉融合成为可能。高校思想政治教育需要与信息技术、心理学、社会学等学科开展合作,共同探索适应时代发展的新模式和新方法。跨学科合作有助于打破学科的条条框框,提高教育质量和效果。

二、互联网与高校思想政治教育的融合需求、路径与效果

(一)互联网与高校思想政治教育的融合需求

随着信息技术的迅猛发展和互联网的普及,人们获取信息的途径变得更加便捷,对信息的获取速度和质量要求也越来越高。因此,高校思想政治教育需要与互联网时代相融合,满足学生对信息获取的需求。

高校思想政治教育需要紧跟技术发展的步伐,将互联网技术用于教学中。例如,在传授思想政治知识的过程中,可以利用多媒体、在线教学平台等工具,使学生更直观、更生动地了解相关概念和理论。同时,通过设置在线讨论、问答平台等形式,激发学生的思考和表达能力,实现学生间的互动,在信息交流和共享的基础上提升教育效果。

高校思想政治教育需要满足学生对个性化教育的需求。在互联网时代,每个学生都具有自己独特的兴趣爱好和学习方式。因此,高校思想政治教育需要灵活调整教学内容和形式,根据学生的个体差异做出有针对性的教学设计。通过在线学习资源的开发和推广,学生可以根据自己的兴趣选择学习内容,提高对思想政治知识的兴趣和理解。

高校思想政治教育需要加强对学生网络素养和信息素养的培养。在互联网时代,信息的传播速度和渠道日益丰富,学生需要具备辨别信息真伪、处理信息冲击和风险的能力。因此,高校思想政治教育者应当注重对学生的网络素养和信息素养的培养,帮助他们正确使用互联网,理性思考和评价信息,防范网络上的误导。

高校思想政治教育需要与社会的发展和需求相契合。通过互联网技术,高校可以更加便捷地与社会机构、实践基地等进行合作,拓宽学生的实践和实习机会。同时,高校也要关注社会对思想政治教育的需求,积极引导学生关注社会热点问题,承担社会责任,培养具有社会责任感和创新精神的优秀人才。

(二)互联网与高校思想政治教育的融合路径

在互联网时代,高校思想政治教育需要与互联网技术相结合,积极探索创新的融合路径。高校可以借助在线学习平台和教育资源网站,将思想政治课程数字化,使学生可以随时随地进行学习。通过在线学习平台,学生不仅可以学习课程内容,还可以进行作业提交、讨论和互动,增强了参与度和学习效果。

高校可以充分利用社交媒体平台,如微博、微信等,与学生进行思想政治教育的互动交流。通过建立官方账号或设置专题页面,高校可以发布相关资讯、思想政治教育活动等信息,吸引学生的关注与参与。同时,学生也可以通过社交媒体平台表达自己的观点和看法,与其他同学进行互动交流,促进思想的碰撞和思想观念的更新。

高校还可以利用大数据和人工智能技术,进行个性化的思想政治教育。通过分析学生的学习习惯、兴趣爱好、互联网行为等数据,高校可以为每个学生提供个性化的学习推荐和指导。同时,借助人工智能技术,高校可以开发智能化的思想政治教育工具,如智能辅助学习系统、智能答疑机器人等,为学生提供更加便捷和个性化的学习服务。

高校应积极采用多元化的教学方式与内容,与互联网融合创新,适应互联网时代思想政治教育的需求。可以引入在线直播教学、虚拟实验室、慕课等教学模式,提供更加丰富多样的学习资源和体验。同时,将创新意识、创业素质等内容纳入思想政治教育课程,培养学生的创新创业能力和实践能力。

(三)互联网与高校思想政治教育的融合效果

在互联网时代,高校思想政治教育与互联网的融合呈现出诸多积极效果。

1. 更加具有时效性和针对性

互联网技术的广泛运用为高校思想政治教育提供了更多数据和信息,高校可以及时了解到学生的思想动态和需求,有针对性地开展教育活动。例如,通过学生在网络上的活动和互动,高校可以更好地把握学生的兴趣爱好、价值观念等,有针对性地进行教育引导,提高教育的针对性和有效性。

2. 更加灵活多样

互联网的特点在于可以采取多样化的传播方式和形式,如文字、图片、音频、视频等多媒体形式,可以更好地满足学生的个性化需求。高校可以创新思想政治教育的内容和形式,利用互联网平台开展在线讨论、课程设计、实践活动等,提供更加丰富多样的学习方式和机会,使学生能够更加主动参与、积极探索。同时,互联网平台的灵活性还能够帮助高校思想政治教育与其他学科和领域进行融合,形成综合性的教育体系,为学生提供更广阔的知识视野,培养学生的跨学科思维能力。

3.更加注重互动与参与

互联网的优势在于其互动性和分享性,可以实现学生与教师、学生与学生之间的互动交流。高校思想政治教育可以通过在线平台搭建讨论区、交流群等,促进学生之间的思想碰撞、意见交流,提高学生的思辨和表达能力。同时,互联网的分享性也能够让学生成为知识的创造者和分享者,学生通过自主创作、互动等,形成积极的学习氛围和自治的学习模式。

三、互联网与高校思想政治教育的互动关系

(一)互联网对高校思想政治教育的推动作用

"互联网+"技术的普及和发展为高校思想政治教育提供了丰富的资源和工具。通过互联网,学生可以随时随地获取到大量的学习资料和思想政治教育课程。他们可以通过在线教育平台学习相关知识,参与线上讨论和辩论,拓宽自己的思维和视野。同时,互联网还为高校思想政治教育提供了丰富的教学资源,教师可以通过网络平台分享教材、教案、案例分析等,使教学形式和内容更加丰富多样。

互联网时代的信息传播速度和覆盖面进一步加快了高校思想政治教育的推广和传播。传统的教育模式往往受限于时间和空间的限制,而互联网时代的出现打破了这种限制。通过互联网,高校思想政治教育不再受制于地理位置,学生可以在任何时间、任何地点接触到相关知识和教育资源。学校可以通过建立线上教育平台、开设网络课程等形式,将思想政治教育的内容覆盖到更多的学生

群体。

互联网还推动了高校思想政治教育的个性化和自主性发展。传统的教育模式往往是以课堂为中心,以教师为主导,学生被动接受教育。而互联网技术的应用为学生提供了更多自主学习和个性化学习的机会。学生可以根据自己的兴趣和需求选择相应的学习资源和方式,提高学习的主动性。互联网平台还可以为学生提供个性化的学习建议和反馈,帮助他们更好地发展自己的思想和人文素养。

互联网对高校思想政治教育的推动作用不可忽视。它为高校思想政治教育提供了丰富的资源和工具,并加快了教育的传播速度和覆盖面。它也促进了高校思想政治教育的个性化和自主性发展。同时,高校要注意合理利用互联网技术,避免其潜在的负面影响。只有充分发挥互联网的推动作用,高校才能更好地实现高校思想政治教育的目标。

(二)互联网与高校思想政治教育的相互促进

互联网的快速发展将高校思想政治教育带入了一个新的时代,为高校思想政治教育的发展提供了广阔的平台和机遇。在互联网时代,高校思想政治教育与互联网的相互促进不仅加强了教育的实效性,也拓宽了教育内容和形式的多样性。

1. 互联网为高校思想政治教育提供了新的教学资源和方法

通过互联网,学生可以随时随地获取大量的思想政治教育资源,如经典著作、名人演讲、教育视频等,这为学生的自主学习和深入思考提供了更多的机会。同时,利用互联网的交互性和多样性,高校思想政治教育教师也能采用更灵活的方式进行教学,如线上讨论、演示和模拟实验等,从而提升学生的参与度和主动性。

2. 高校思想政治教育的深化也促进了互联网的发展

高校思想政治教育注重培养学生的思辨和创新能力以及批判思维和社会责

任感。这些培养方向与互联网时代的需求紧密相连。在互联网时代,创新思维的重要性日益凸显,而高校思想政治教育恰恰为学生奠定了相应基础。通过培养学生的思辨能力和社会责任感,高校思想政治教育为互联网时代提供了更多有思想深度和社会价值的内容,推动了互联网的不断完善和发展。

3. 互联网还为高校思想政治教育提供了更广阔的舞台,加强了高校与社会的联系

互联网的普及和便利性使得高校思想政治教育可以更加直接地与社会各界互动,促进思想共享和交流。学生可以通过互联网参与到社会公共事务的讨论和决策中,并深入了解不同观点和看法,这有助于拓宽学生的思维视野和思辨能力。同时,互联网也为高校思想政治教育提供了更广泛的展示平台,学生的优秀思想成果可以通过互联网与社会共享,进一步促进思想成果的传播和应用。

(三)互联网时代高校思想政治教育面临的挑战及其解决

在互联网时代,高校思想政治教育面临着一些新的挑战。互联网的迅猛发展给学生获取信息带来了便利,但也带来了信息爆炸的问题。学生在互联网上可以随意获取各种信息,这包括一些不符合正常价值观和道德标准的内容。这导致了传统的思想政治教育在引导学生的价值观和道德观方面面临着困难。

互联网时代使得学生在虚拟空间中的社交活动增多,这也给高校思想政治教育带来了新的挑战。学生更倾向于通过社交媒体平台与其他人交流和互动,而不是参与传统的思想政治教育课堂。这使得思想政治教育难以达到与学生充分互动和参与的效果。

互联网时代还带来了知识传输方式的变化。以往,高校思想政治教育主要依靠教师倾囊相授,学生被动接受知识。然而,在互联网时代,学生可以通过搜索引擎、在线课程等途径获取所需的知识。这挑战了传统的思想政治教育模式,使得教师在知识传输方面不再是唯一的信息源。

针对这些冲突和挑战,高校思想政治教育需要采取一系列的解决措施。学校可以积极利用互联网技术,通过在线平台搭建与学生互动的渠道,提供在线讨

论、答疑等形式,使学生在虚拟空间中也能积极参与思想政治教育。

　　高校思想政治教育可以加强对学生信息获取能力和信息辨析能力的培养。学生需要明辨是非善恶,区分出对自己有价值的信息。这可以通过开展相关的课程和培训来实现,帮助学生在互联网浩如烟海的信息中找到准确、有用的知识。

　　高校思想政治教育还需要与互联网时代的社交平台结合起来,引导学生更好地利用社交媒体进行良好价值观的传递。学校可以在社交平台上开设相关的话题讨论或者推送一些有意义的内容,激发学生的思考和参与。

第二章 互联网时代高校思想政治教育的管理创新

第一节 教育资源整合与优化管理

一、高校思想政治教育的资源整合策略

(一)网络资源整合策略的重要性

在互联网时代,高校思想政治教育面临着新的挑战和机遇。面对信息爆炸的时代背景,网络资源整合策略在高校思想政治教育中显得尤为重要。网络资源的整合可以帮助高校充分利用互联网技术,获取各种形式的思想政治教育资源,提高教育的有效性和针对性。

网络资源的整合可以将各类线上线下资源有机结合起来,形成多元化的教育形式。在互联网时代,学生对数字化、在线、便捷的学习方式更加青睐。通过整合线上的教学视频、网络课程、电子书籍等资源和线下的讲座、实践活动、思政课程,可以打破传统学习的时间和空间限制,更好地满足学生的学习需求。

网络资源的整合可以促进不同高校间的资源共享和合作。在互联网时代,高校不再是孤立存在的教育机构,而是一个紧密相连的网络。通过整合网络资源,高校可以与其他院校建立资源共享的合作关系,实现资源互补和优势互补。这种合作模式不仅可以提升思想政治教育资源的丰富度和质量,还能培养学生多样化的创新能力和跨领域的综合素养。

网络资源的整合可以推动教育环境的创新和改善。互联网技术为高校思想政治教育带来了全新的可能性,如通过在线平台开展互动式学习、个性化辅导

等。网络资源整合策略的实施不仅可以大幅提高教学效率,还可以推动教育方式的创新。同时,网络资源整合也需要高校加强对教育信息的管理和安全保护,确保学生受益于网络资源整合的同时,能够在安全的环境中学习。

网络资源整合策略在高校思想政治教育中的重要性不可忽视。通过整合网络资源,高校可以实现资源的多元化整合、资源的共享合作以及教育环境的创新与改善。网络资源整合策略的成功实施将为高校思想政治教育的提升和发展提供有力支撑。

(二)网络资源的整合策略

在互联网时代,高校思想政治教育要适应信息技术的快速发展和互联网的普及应用,积极探索网络资源的整合策略,以提升教育质量和效果。网络资源整合策略的重要性不容忽视。通过整合网络资源,高校能够充分利用信息技术的优势,打破地域限制,实现教育资源的跨界融合与共享,从而提供多元化和个性化的教育内容和方式。

高校思想政治教育者需要整合各类网络教育平台和资源。现如今,各类网络教育平台如慕课、在线教育等应用广泛,拥有丰富的教育资源和优质的课程内容。高校可以通过与这些平台的合作,将其优势资源纳入自己的思政教育体系中。例如,利用慕课平台提供的优质课程作为学生学习的辅助资源,提高思政课的吸引力和实效性。

高校思想政治教育还可以通过整合学校内部的网络资源,实现教学资源的优化和共享。各个学院、研究机构等单位拥有丰富的教育资源和研究成果,但由于信息孤岛和缺乏有效的整合机制,这些资源往往无法得到充分的利用。因此,高校可以建立内部教育资源的信息化平台,通过互联网技术实现资源的整合和共享。例如,建立在线学习平台,学生可以随时随地通过网络学习相关课程和参与讨论,而教师可以及时了解学生的学习情况并进行个性化指导。

高校思想政治教育者还需要创新管理模式,推动网络资源的创新应用。互联网时代的到来,推动了信息技术与教育的深度融合,高校思想政治教育也应积极创新教育模式。例如,借助云计算和大数据技术,构建个性化的学习推荐系

第二章　互联网时代高校思想政治教育的管理创新

统,根据学生的兴趣和学习习惯,为其推荐符合其需求的学习资源;或者利用虚拟实验室等网络教学手段,提供丰富多样的实践教学环境。

高校思想政治教育网络资源的整合策略是适应互联网时代的必然要求。只有充分整合和优化网络资源,高校思政教育才能更好地满足学生的学习需求,提高教育质量和效果。因此,高校应积极应对互联网时代的挑战,深化网络资源整合策略的研究和实践,不断创新管理模式,实现资源共享与合作,推动思政教育向更高水平迈进。

(三)网络资源整合策略的实施效果与影响

在互联网时代,高校思想政治教育资源的整合策略已成为高校思想政治教育工作中的重要环节。通过整合各类资源,可以为学生提供更加丰富、更多元化的学习与思考平台,以进一步拓宽教育教学的边界。

整合策略的实施对高校思想政治教育资源的充分利用和优化具有积极的效果。通过整合网络资源,高校可以突破时间和空间的限制,极大地拓宽学生获取知识和信息的渠道。学生可以通过网络平台,随时随地进行自主学习和研究,并能够接触到来自不同领域、不同思想观点的资源,从而获得全方位的思考和学习机会。

整合策略的实施还促进了高校间资源的共享与合作。在这个信息爆炸的时代,每个高校都拥有丰富的思想政治教育资源,但如果仅局限于自身的资源,很难满足学生对于知识多元化的需求。因此,通过整合策略,高校之间可以进行合作,共享各自的资源,在资源互补的基础上为学生提供更丰富多样的学习机会。这种合作不仅可以促进资源的有效利用,还可以促使高校相互学习、相互借鉴,提升整体的思想政治教育水平。

整合策略的实施也推动了高校思想政治教育管理模式的创新。在网络资源的整合中,各类在线教育平台、知识分享平台得到了充分利用。高校可以通过与这些平台的合作,吸收先进的教育理念和管理经验,不断引入新技术,创新教育教学的方式和方法。这种创新不仅可以提升学生学习的效果,还可以促进高校思想政治教育工作的可持续发展。

二、高校思想政治教育的资源优化管理

（一）网络资源优化管理的需求

网络的普及和发展，为高校思想政治教育提供了新的平台和机遇。在互联网时代，网络资源已经成为高校思想政治教育不可或缺的重要组成部分。然而，随着网络资源的日益增加和更新换代，如何对其进行有效的优化管理成为高校思想政治教育领域面临的一个重要挑战。

网络资源优化管理的需求来自广大师生。随着信息时代的快速发展，大量的学生和教师倾向于使用网络资源进行思想政治教育的学习和教学。他们希望通过网络资源获取更广泛、更深入、更方便的教育内容和学习资源。因此，高校思想政治教育部门需要充分了解和满足师生在网络资源方面的需求，进一步提高网络资源的质量和应用效果。

社会的发展也对高校思想政治教育的网络资源优化管理提出了更高的要求。在信息化社会的背景下，高校思想政治教育需要更好地利用网络资源，提升教育效果，而这就需要高校思想政治教育部门加大对网络资源的整合、管理和应用创新，以满足社会对高校思想政治教育的期望。

高校思想政治教育面临的挑战也使得网络资源优化管理成为迫切需要解决的问题。高校思想政治教育面临着来自各个方面的挑战，这包括学生思想观念的多元化、价值观念的碰撞等。在这个背景下，网络资源的优化管理可以为高校思想政治教育提供更多解决问题的思路和方法。例如，把优质的网络资源纳入教学内容，可以更好地引导学生不断更新自己的思想观念，增强他们的创新能力和社会参与意识。

网络资源优化管理的需求来自多方面的因素。高校思想政治教育部门需要认清网络资源的重要性，加强对网络资源的整合、管理和应用创新，以满足师生的需求，提升教育的实效性和效果。只有这样，才能够更好地适应互联网时代的

发展和要求,为高校思想政治教育事业的顺利进行提供有力支撑。

(二)网络资源的优化管理实践

为了适应互联网时代的快速发展,高校思想政治教育需要进行资源的优化管理。在这一过程中,网络资源的优化管理尤为重要。

1. 提供更广泛的信息渠道

通过充分利用网络科技,高校可以获取丰富多样的信息资源。学生可以通过网络平台了解到各种各样的实践案例、思想政治理论和学术研究成果。信息的广泛获取,有利于拓宽学生的思路和视野,这对他们的思想政治教育有着积极的促进作用。

2. 提高学生参与思想政治教育的积极性

通过网络平台建设,高校可以为学生提供更多的互动机会。他们可以在线讨论,参与在线问答和辩论活动等,这不仅增强了他们的参与意识,也促使他们更加积极地参与思想政治教育。

3. 提高教育资源的共享合作效果

通过网络平台,高校可以将自身的教育资源与其他高校进行共享和合作。这种合作可以不仅仅局限于同一地区的高校,还可以扩展到全国乃至国际范围。学生可以通过这种资源的共享和合作,获得来自不同高校的思想政治教育资源,从而丰富学习内容和体验。

4. 进行效果评估

通过对网络资源的应用效果进行评估,高校可以了解教育资源的有效利用程度,并根据评估结果进行优化。这种评估工作有利于高校思想政治教育实践的不断创新和完善。

(三)网络资源优化管理实践的效果评估

在互联网时代,高校思想政治教育的资源优化管理实践变得尤为重要。为了评估资源的优化管理实践效果,需要结合多种指标和方法进行综合评估。

第一,通过学生参与思想政治教育活动的数量和质量进行评估。对教育资源进行优化管理后,学生在思想政治教育方面的参与度是否有所提升是评估资源优化效果的一个重要指标。可以采用问卷调查、面谈访谈等方式,了解学生参与教育活动的情况,从而评估资源优化管理措施的效果。

第二,关注学生在思想政治教育中的思维能力和价值观的改变情况。通过对学生的学术表现、社会责任感、公民素质等方面进行评估,可以获得关于教育资源优化管理实践效果的详细信息。可以结合有关教育评估的理论和方法,采取定性和定量相结合的方式,对学生思维和价值观的变化情况进行客观分析和评估。

第三,关注高校内外的合作与交流情况。优化管理实践是否带来了高校思想政治教育资源的共享与合作,是否有新的合作机制和平台的建立,可以作为评估的指标之一。可以通过调研、统计数据等方式,了解高校间的资源共享和合作情况,分析资源优化管理的实际效果。

第四,通过对资源管理成本的评估来判断优化管理实践的效果。优化管理实践是否节约了资源的使用成本,是否提高了资源的利用效率,可以通过财务数据分析等方法进行评估。经济效益的提升是资源优化管理实践效果的重要体现之一,合理的资源配置和管理可以使高校思想政治教育的成本降低、效益提高。

三、高校思想政治教育的资源共享与合作

(一)高校思想政治教育资源共享的重要性

在互联网时代,高校思想政治教育面临着与传统模式截然不同的挑战和机

遇。作为培养大学生思想道德素质和社会责任感的核心环节,思想政治教育资源共享显得尤为重要。资源共享不仅可以提高高校思想政治教育的质量,还能够拓展教育资源的边界,为学生提供多元化的教育机会。

首先,高校思想政治教育资源共享能够改善教育资源的利用效率。每所高校都有一部分优秀的教育资源,但这些资源往往局限于本校范围内使用。资源共享的意义在于打破学校之间的壁垒,将各个高校的教育资源共享起来,实现资源的优化配置和共同利用。这不仅能够避免重复建设,节约教育资源,还能够更好地激发教育资源的潜力,提高资源的利用效率。

其次,高校思想政治教育资源共享能够提升学生的学习体验和教育品质。通过资源共享和互鉴,高校可以学习其他高校的优秀教育模式和实践经验,丰富自身的教育内容和教学手段。学生也可以在跨学校的教育资源共享中获得不同领域的专业知识和技能培养的机会。这种多元化的学习经历不仅有助于学生的综合素质提升,还能够培养学生的创新意识和合作精神,使他们具备适应未来社会发展的能力。

最后,高校思想政治教育资源共享有助于促进高校之间的合作与交流。在资源共享的背景下,高校之间的紧密联系和深度合作将成为常态。通过共同策划、共同开展教育活动,高校可以形成合力,共同解决教育中的难题和挑战。同时,资源共享也为高校提供了更多合作的机会,高校可以开展联合研究、教师培训等多样化的合作项目,进一步促进教育研究和教师队伍的专业发展。

(二)高校之间的思想政治教育资源共享

在互联网时代,高校思想政治教育资源共享成为促进高校之间教育合作与发展的重要一环。高校之间的思想政治教育资源共享旨在借助互联网技术,促进教育资源的互通、共享和共建,实现资源优化配置,更好地满足学生的多元化需求。

高校之间的思想政治教育资源共享可以促进教学资源的优化管理。不同高校拥有各自的教学资源,但这些资源分散在不同的机构、学科和部门。通过资源共享，可以将各高校的优势资源进行整合，避免资源的重复建设和浪费，提高资源的利用效率。例如，某一高校在军事理论教学方面具有丰富的教学资源，而另一高校在思政教育的实践项目方面经验丰富，两校可以通过资源共享将各自的特色资源进行整合，达到优势互补，提高教学质量。

高校之间的思想政治教育资源共享还可以促进教育教学模式的创新。不同高校有着不同的教育理念和教学模式，通过资源共享，可以学习其他高校的先进经验，推动教育教学模式的创新和发展。例如，在思政教育课程中，有些高校采用了跨学科、跨院系的教学模式，通过邀请相关学科的专家参与教学，打破传统学科边界，提供更全面、更多样化的教学内容。这种模式可以通过资源共享得以传播和推广，有助于促进思政教育的有效达成。

高校之间的思想政治教育资源共享还可以促进师资队伍的共建与共享。不同高校的教师具有各自的优势和专长，资源共享可以促进师资队伍的交流和合作，提高教师的专业能力和教学水平。通过跨高校的交流研讨、教学互访等方式，加强师资队伍的培养和共享，可以形成多元化的教学团队，为学生提供更加全面的教育资源和服务。

(三) 高校与社会的思想政治教育资源共享

在当今高校思想政治教育中，高校与社会的资源共享与合作已经成为一个重要的议题。高校思想政治教育资源的共享和合作，有助于拓宽教育资源的范围，提升教育质量，促进学生的全面发展。

高校与社会的资源共享能够实现教育资源的优化整合。在此过程中，高校与社会可以相互借鉴经验，共享先进的教育理念和教育资源。通过与社会机构、企业、政府等合作开展思想政治教育活动，可以丰富教育内容，提高教育效果，使教育更加贴近学生的需求和实际。

高校与社会的资源共享有助于培养学生的创新意识和实践能力。社会资源为学生的思想政治教育架起了通往现实与实践的桥梁。通过与社会资源的接触，学生可以更加深入地了解社会现实问题，并进行实践活动，提升解决问题的能力。例如,高校可以与社会机构合作,共同开展社会实践活动,让学生亲身参与社会事务,锻炼实践能力。

高校与社会的资源共享有助于培养学生的社会责任感和公民意识。通过与社会资源的连接与合作,学生可以更加了解社会的发展需求和社会问题。在共享社会资源的过程中,高校可以引导学生关注社会问题,提高他们的社会责任感和公民意识。这种形式的资源共享和合作,有利于培养学生的社会参与意识,使他们能够成为新时代有担当的公民。

高校与社会的思想政治教育资源共享不仅有助于教育资源的优化整合,而且能够培养学生的创新意识、实践能力、社会责任感和公民意识。因此,应该积极推动高校与社会的思想政治教育资源共享与合作,为学生提供更加丰富的教育机会,促进他们的全面发展。只有通过共享与合作,高校才能在思想政治教育领域取得更好的成果,并为社会培养更多具有社会责任感和创新能力的优秀人才。

(四)共享与合作的效果及影响

共享与合作作为高校思想政治教育资源整合中的重要环节,其积极的效果和深远的影响不容忽视。共享与合作能够突破传统的资源独立使用局限,实现资源的最大价值。通过共享与合作,高校可以互相学习,充分利用其他学校的教育资源,提高自身的教育质量和水平。共享与合作能够加强高校之间的合作关系,促进资源共享的深度和广度。高校之间的思想政治教育资源共享,不仅可以搭建起交流平台,也能够建立合作机制,共同推动思想政治教育的发展。高校与社会的思想政治教育资源共享,可以进一步拓宽资源渠道,充分借助社会力量,引入多元化的教育资源,让学生接触到更广泛、更实际的思想政治教育内容。

共享与合作的效果和影响不仅体现在资源的丰富和多样化上,还体现在对教育环境的优化上。共享与合作能够培养高校之间的合作文化,营造积极向上的教育氛围。通过与其他高校的共享与合作,学生们可以接触到不同学校的思想政治教育实践经验,拓宽思想视野,锻炼思考和创新能力。共享与合作还能够促进教师的专业发展,通过交流合作,教师们可以相互学习,提高自身的教育教学能力和水平,为学生提供更加高质量的教育服务。

共享与合作也面临着一些挑战和困难。资源共享的便利性和可行性需要进一步提升。目前,高校之间资源共享的机制和平台仍存在不足,各高校需要加强合作,建立更加完善的共享机制。共享与合作需要解决好资源分配的问题。资源共享可能引起一些争议和纠纷,各高校需要建立公平公正的资源分配机制,确保资源的合理利用和共享效果的最大化。

四、高校思想政治教育的资源创新管理模式

(一)创新管理模式的重要性

创新管理模式在高校思想政治教育中具有重要的意义和作用。随着互联网时代的到来,传统的思想政治教育方式已经无法适应新时代高校学生的需求。传统的管理模式受时间、空间的限制,教育资源的整合与管理难度较大。因此,创新管理模式的引入成为高校思想政治教育的迫切需求。

1. 促进资源的整合与优化

传统的教育资源分散在各个部门、学院,难以形成整体的协同效应。而采用创新管理模式可以通过整合、优化现有资源,构建高校思想政治教育的综合平台。通过资源的互通、相互促进,可以实现资源的有效集约利用,提高教育资源的利用效率。

2. 促进资源的共享与合作

传统的教育资源被限制在各自的部门、学院范围内,难以实现跨界、跨学科的合作与共享。而创新管理模式的引入可以打破这种壁垒,实现资源的共享与合作。通过建立多学科交叉、跨校合作的机制,可以将各方优势资源充分整合,形成合力,丰富高校思想政治教育的内容和形式。

3. 促进资源的创新与更新

传统的教育资源相对固化，更新较慢，难以适应新时代学生的需求。而创新管理模式可以提供更加灵活、更多样化的教育资源，为学生提供更具有创新性和前瞻性的思想政治教育内容。通过引进新技术、新方法，不断开展教学研究与实践，高校可以不断更新教育资源，使其与时俱进。

（二）高校思想政治教育资源的创新管理模式概述

在互联网时代，高校思想政治教育资源的创新管理变得尤为重要。创新管理模式能够有效地整合和优化资源，提升教育质量，培养具有创新精神和社会责任感的高素质人才。

高校思想政治教育资源的创新管理模式应采用适应现代化信息技术的手段，并充分发挥"互联网+"的作用。通过建立在线教育平台和思政教育资源共享平台，学生可以自主学习，随时随地获取相关教育资源。教师也能够利用信息技术进行线上教学，提高教学效率。

高校思想政治教育资源的创新管理模式应注重拓展思政教育的内容和形式。除了传统的教学方法，还可以结合实际案例和互动讨论等方式，激发学生思考和参与，提高教育的针对性和吸引力。另外，高校也要注重培养学生的创新意识和实践能力，如开设社团活动、创新创业项目等，让学生能够将所学知识运用到实践中去。

在创新思政教育资源的管理模式的同时，高校还应重视与社会各界的合作。通过与政府、企事业单位以及社会组织的合作，高校可以共享资源，丰富思政教育的内容和形式，提供更多机会和平台让学生进行实践和社会服务，培养学生的社会责任感和团队合作能力。

创新管理模式的实施将对高校思想政治教育产生积极的效果与影响。学生的思想政治素养将得到全方位、多元化的提升，社会责任感和公民意识将得到强化。通过创新管理模式，高校思想政治教育资源的利用效率将得到大幅提升。

与社会各界的合作,在师资、资金、实践等方面能够实现资源的共享和互补,进一步丰富高校思想政治教育的内容和形式。

高校思想政治教育资源的创新管理模式是推动思政教育不断发展的重要手段。通过适应信息技术的应用,拓展教育内容和形式,积极与社会合作,能够实现资源的整合、优化和共享,不断提升思想政治教育的质量和效果,培养更加优秀的高素质人才,适应当今社会的发展需求。

(三) 创新管理模式的实施效果与影响

创新管理模式的实施不仅是高校思想政治教育资源整合优化管理的关键环节,同时也是推动资源创新和提高管理效能的重要手段。通过创新管理模式的实施,高校思想政治教育资源得以更好地发挥作用,可进一步满足学生的需求,有效提高教学质量。

创新管理模式的实施可以带来明显的效果。通过全面梳理和整合现有的教育资源,高校能够清晰地了解学生的需求和优势,进而有针对性地制定教育方案和资源配置策略。这种个性化的管理方式可以更好地满足学生的多样化需求,提高教育效果。创新管理模式的实施也能够促进资源的充分利用和共享,避免资源过度浪费和重复建设,提高资源利用效率。

创新管理模式的实施对高校思想政治教育资源的创新起到了重要的推动作用。通过引入新的教育理念、教育技术和教育方式,创新管理模式能够激发教育资源的创造力和创新能力。例如,在教学内容方面,可以通过引入新的思想政治理论和研究成果,更新教材内容,提供更加丰富和前沿的知识;在教学方法方面,可以借助互联网技术和多媒体手段,开展线上线下相结合的教学活动,提高学生的参与度和学习效果。这样的创新管理模式能够提高思想政治教育资源的吸引力,使之具有更高的教育价值和影响力。

创新管理模式的实施对高校思想政治教育也产生了深远的影响。通过创新管理模式的引入,高校思想政治教育的质量得到了全面的提升。学生思想政治教育的有效性和深度得到了加强,教师的教学能力和专业素养得到了提高,整个教育体系向着更为科学、合理和有效的方向发展。同时,创新管理模式的实施也对高校的教育发展起到了积极的推进作用,为高校的综合实力提升奠定了坚实的基础。

创新管理模式的实施对于高校思想政治教育资源的优化和创新具有重要意义。通过创新管理模式,高校能够发挥资源的最大潜力,满足学生的需求,促进资源的创新和共享,进而提高教学质量和教育效果。因此,高校应该积极探索和推广创新管理模式,不断完善和提升思想政治教育资源的管理水平,为培养全面发展的社会主义建设者和接班人做出积极贡献。

第二节 教育质量评估与监控管理

一、高校思想政治教育质量评估体系的建立

(一)质量评估体系构建的必要性

在当今社会,随着信息技术的迅猛发展和互联网的普及应用,高校思想政治教育迎来了新的机遇和挑战。传统的思政教育模式面临着知识传递效果不佳、学生参与热情下降等问题,迫切需要建立一套适应互联网时代的质量评估体系。

高校思想政治教育质量评估体系的建立是适应时代发展的需要。在信息爆炸的时代,学生容易受到各种信息的干扰和冲击,思政教育需要更加扎实、全面、系统地进行。质量评估体系可以通过明确的指标和标准,帮助高校更好地把握教育质量,推动思政教育迈向更高层次。

质量评估体系的建立能够促进思政教育的改革创新。传统的思政教育模式往往只关注知识传输,忽略了学生的实际需求和对学生创新能力的培养。建立质量评估体系可以引导高校思政教育注重培养学生的思辨能力、创新精神和实践能力,推动教学方式和教育模式的创新。

质量评估体系的建立还能够增强思政教育的社会影响力和认可度。在当今社会，人们对高校的思政教育质量要求越来越高，只有建立科学、严格的质量评估体系，才能更好地展现高校的实力和职责。可以将评估结果作为高校思政教育质量的参考指标，以提升高校在社会上的声誉和地位，并且给予教育工作者更多的正向激励。

建立适应互联网时代的高校思想政治教育质量评估体系是必要的。它不仅能够使思政教育更加科学、高效，也能够促进教育质量的可持续发展，进而为人才培养和社会发展做出更大的贡献。因此，高校应加大对质量评估体系建设的重视，积极探索、实践和创新，为高质量的思政教育奠定坚实的基础。

（二）质量评估的标准与指标

高校思想政治教育质量评估的标准与指标是构建互联网时代高校思想政治教育质量评估体系的关键内容。在这个时代背景下，传统的思政教育质量评估方式已经无法满足高校教育的需求，亟须针对性更强、适应性更好的评估标准和指标体系。

高校思想政治教育质量评估可以从课程设置与实施的角度来考量。在这方面，可以考查教育目标的明确性与可操作性、课程内容的科学性与实用性、教学方法的多样性与创新性等。还可以评估课程的设计与执行是否符合学生的需求和社会的变化，以及是否能够激发学生的学习兴趣。

高校思想政治教育质量评估应该关注学生参与度和对学生实践能力的培养。在这方面，可以考查学生是否积极参与各类思政教育活动，如讲座、论坛、社会实践等，以及是否能够运用所学知识解决实际问题。还可以评估学生的团队合作能力和创新创业能力，以及他们的社会责任感和公民意识等方面。

高校思想政治教育质量评估应该关注教师的素质和教育教学水平。在这方面，可以考查教师的学术背景和专业能力，以及是否具备良好的思政教育理念和教育教学方法。还可以评估教师是否能够激发学生的学习兴趣，是否能够与学生进行有效的互动交流，以及是否能够及时有效地解答学生的问题。

高校思想政治教育质量评估还应该关注学生的学习成果和综合素质的培养。在这方面,可以考查学生的课业成绩和综合素质评价,如学生的学习态度和学习能力,以及他们的创新能力和实践能力等。还可以评估学生的人文素养和社会责任感,以及他们在实际工作和社会生活中的表现。

高校思想政治教育质量评估的标准与指标应该从课程设置与实施、学生参与度和实践能力的培养、教师的素质和教育教学水平,以及学生的学习成果和综合素质的培养等方面进行考量。合理设计评估标准和指标可以更好地评估高校思政教育的质量,推动其在互联网时代的持续发展。

(三)质量评估体系的构建

为了适应互联网时代的发展趋势,并保证高校思想政治教育的质量,需要建立一个科学严密的质量评估体系。在构建这个评估体系时,需要明确评估的标准和指标,以确保评估的客观性和可信度。

针对高校思想政治教育的特点和目标,管理者需要制定相应的评估标准。这些标准应该包括教育目标的达成度、教学过程的有效性、教育资源的利用情况等方面。通过明确的评估标准,评估者可以判断教育的质量,使评估结果更加客观。

为了更加具体地评估高校思想政治教育的质量,管理者需要确定相应的评估指标。这些指标应该与评估标准相呼应,并能够全面反映教育的各个方面。例如,可以设置教育目标达成度的量化指标,如学生学习情况的调查或考试成绩的统计;也可以设立教学过程的评估指标,如教师的教学态度和教学方法的调查等。通过对这些指标的综合评估,管理者可以更加准确地判断教育质量,并为改进提供依据。

在构建互联网时代高校思想政治教育质量评估体系时,应充分利用互联网技术优势。可以建立在线评估平台,通过学生、教师、家长等各方的参与,收集多角度、多层次的评价信息。这样不仅能够提高评估的广泛性和深入性,还可以及时获取评估结果,为进行实时监控提供支持。

互联网时代高校思想政治教育质量评估体系的构建需要明确评估标准和指

标,并充分利用互联网技术进行实时监控。只有通过合理的评估体系,才能真正提升高校思想政治教育的质量,满足互联网时代对高校教育的要求,培养更多合格的社会人才。

二、高校思想政治教育的质量实时监控机制

(一)质量实时监控机制的重要性

在互联网时代,高校思想政治教育的质量评估体系建设已成为一项亟待解决的任务。而实时监控机制作为该体系中不可或缺的一部分,具有重要的意义和作用。它能够提供及时有效的信息,帮助教育工作者掌握教育质量的动态变化,发现问题并及时采取相应的措施。

质量实时监控机制使得教育工作者能够第一时间获得有关思想政治教育质量的数据和信息。通过使用各种先进的信息技术工具和系统,教育工作者能够对教育过程中的各个环节进行全面、准确的监测和评估。通过实时监控,可以获得学生参与度、参与活动的质量、教学效果等一系列信息,这为教育工作者及时发现问题提供了有力的保障。

质量实时监控机制有助于提高教育过程的透明度和公正性。对数据的实时收集和展示,可以使得教育质量的评估更加客观、科学。而且,不同的监控指标和监控结果都可以在系统中进行跟踪和对比分析,从而为教育工作者提供有针对性的改进建议。这种透明和公正的监控机制能够有效地降低主观因素的干扰,提高教育评估的准确性和公信力。

质量实时监控机制对于提高教育质量的整体水平至关重要。不断监测和评估,有助于教育工作者发现教育过程中存在的问题,并及时采取相应的改进措施。例如,如果某一环节的评估显示出不理想的结果,就可以及时调整教学方法,完善教育资源,从而提升整体的教育质量。实时监控机制可以帮助教育工作者不断优化教育过程,使其更加适应互联网时代的发展需求。

质量实时监控机制在互联网时代高校思想政治教育的质量评估体系建设中

具有重要的地位和作用。它能够提供及时有效的信息支持,保障对教育质量的动态监测和调整。它还能够提高教育过程的透明度和公正性,为教育工作者提供改进的方向和依据。教育工作者应该积极推进质量实时监控机制的建立和应用,为高校思想政治教育质量的提升做出更大的贡献。

(二)质量实时监控机制的建立

在互联网时代,高校思想政治教育的质量实时监控机制的建立变得尤为重要。这一机制的建立旨在通过科技手段,实时获取、分析和反馈思政教育的质量信息,以便及时调整和改进教育策略,提升教育质量。下面将从建立背景、关键步骤和技术支持三个方面进行阐述。

建立质量实时监控机制的背景是互联网时代的到来。随着互联网技术的迅猛发展和智能设备的普及,高校也面临着新的挑战和机遇。传统的监控和评估方式已经无法适应信息时代的需求,因此,质量实时监控机制的建立势在必行。

建立质量实时监控机制的关键步骤包括数据收集、数据分析和反馈调整。需要建立完善的数据收集体系,以便收集学生参与情况、在线学习活动、学业成绩等多个方面的数据。然后,利用大数据分析技术对数据进行整理和分析,以获取对思政教育质量的全面了解。根据分析结果,及时对教育策略进行调整和改进,以确保教育质量的持续提升。

建立质量实时监控机制需要得到技术支持。互联网时代充斥着各种技术手段,如人工智能、大数据分析、物联网等,这些技术手段为实时监控提供了强有力的支持。应用这些技术手段,可以实现对数据的实时采集和处理,进而对思政教育的质量进行实时监控和反馈。

(三)质量实时监控机制的应用

在互联网时代,高校思想政治教育的质量实时监控机制具有重要的应用价值。质量实时监控机制能够及时获取各类数据,如学生参与情况、学习效果、教学资源使用情况等信息,通过数据分析与挖掘,可以对思政教育的质量进行客观评估。质量实时监控机制能够及时发现问题与异常,对于学生的学习困难、学习行为的变化以及教师的教学策略是否合理等方面,都能够迅速做出反应。同时,质量实时监控机制可以帮助教师及时调整教学方案,有针对性地提供帮助与指导,提高教育教学的效果。

在高校思想政治教育的质量实时监控机制的应用中,信息技术的支持起到了关键作用。通过学生学习平台、在线评价系统等,可以收集学生的学习数据、意见反馈等信息,实现对学生学习情况的实时监控。使用大数据分析技术,可以对学生的学习情况进行全面、深入的分析,从而了解学生的学习状态、学习兴趣,为教师提供个性化的教学支持。还可以利用网络舆情分析工具,及时了解学生对思政教育的评价与反馈,从而更好地改进教育教学内容与方法。

在实际应用过程中,要注意保护学生信息的隐私与安全,确保质量实时监控机制的使用符合相关法律法规的要求。同时,要避免过度依赖技术工具,要将质量实时监控机制作为教育教学的辅助手段,而不是唯一的评估标准。因此,在建立质量实时监控机制的过程中,需要充分考虑教育教学的特点与目标,结合师生的实际需求,选择适合的监控手段和指标,确保质量实时监控机制的有效运行。

三、高校思想政治教育的质量反馈与调整

(一)质量反馈与调整的重要性

在互联网时代高校思想政治教育中,质量反馈与调整是构建一个有效的质量评估体系的关键环节。反馈机制可以将学生的学习和发展情况及时反映出来,从而帮助教育者了解教育效果,并及时采取相应的调整措施,以确保教育质量的持续提升。

质量反馈与调整对于发现教育问题和薄弱环节至关重要。通过建立有效的反馈机制,教育者可以及时了解学生在思想政治教育中存在的困难和问题。例如,通过调查问卷、座谈会等方式收集学生对教学内容的反馈意见,可以发现可

第二章　互联网时代高校思想政治教育的管理创新

能存在的教学盲点或知识缺失,从而有针对性地进行调整和改进。

质量反馈与调整可以提高教育者的教学效果和教学满意度。通过及时获取学生的反馈信息,教育者可以了解自己的教学表现是否符合学生的期望,从而及时调整自己的教学策略和方法,提高教学效果。教育者对质量反馈的重视也会使得学生对课程的满意度得到提高,从而增强学生的参与感和学习动力。

质量反馈与调整可以促进教育资源的优化配置。通过及时的质量反馈,高校可以了解各个教育环节中存在的问题和瓶颈,从而有针对性地进行资源配置调整。例如,通过对教师教学质量的评估,教育者可以发现到底哪些教师在教学中存在问题,以便进行有针对性的培训和引导。教育者也可以通过对学生参与度和学习表现的评估,对教学环境和教育资源的分配进行优化,以更好地满足学生的需求。

质量反馈与调整可以提高高校思想政治教育的质量监控效率。在互联网时代,信息技术的广泛应用和信息化管理的推动,为质量反馈与调整提供了更为便捷和高效的手段。通过建立信息化的质量监控平台,以及利用大数据技术进行数据分析和挖掘,可以实时获取、分析和处理来自学生和教师的反馈信息,从而提高质量监控的精确度和响应速度。

(二)质量反馈与调整的策略

针对互联网时代高校思想政治教育的质量反馈与调整,教育工作者需要制定一系列策略,以确保对教育质量的实时监控和及时调整,并借助信息技术手段,建立全面的教育质量评估体系。通过收集学生对教育内容的满意度调查、学习成绩和评价等数据,可以全面了解教育质量的现状。教育工作者应当注重建立一个高效的反馈机制,及时收集学生、教师和管理者的意见和反馈信息。这样可以快速发现不足之处,并及时进行改进。

教育工作者应当充分利用互联网和大数据分析技术,将学生的学习情况与个性化反馈相结合,从而进行有效的质量反馈与调整。通过搭建一个互动性强、个性化定制的学习平台,可以更好地了解学生的学习需求和困难,为他们提供有针对性的学习资源和支持。教育工作者还可以利用人工智能技术和自动化评估系统来对学生的学习成果进行实时评估,及时发现并纠正学生的学习偏差。

建立一个跨部门、跨学科的教育质量反馈与调整团队也是至关重要的。这个团队应包括教师、教务处负责人、学生代表等多方参与者,他们可以在教学过程中密切合作,及时处理和解决出现的问题,确保教育质量的提升。

教育工作者还要注重与外部资源的对接与整合。通过与相关企业、政府机构等建立合作关系,获得更多的教育资源和支持,提供更广阔的就业和实践机会,从而促进学生的全面发展和成长。

采取适合时代需求的策略,如借助信息技术手段,建立起全面的评估体系,注重反馈机制和个性化教学,建立跨部门合作团队,整合外部资源等,教育工作者能够不断提升教育质量,促进学生的全面发展。

(三)质量反馈与调整的实施

互联网时代高校思想政治教育的质量反馈与调整的实施至关重要。在这个信息爆炸的时代,高校思想政治教育工作者需要及时获取学生的反馈信息,以便进行有效的调整和改进。"互联网+"技术为这一过程提供了便利和可能。

高校可以利用网络平台和智能设备,建立线上的学生反馈系统。通过这个系统,学生可以方便地进行匿名的意见反馈和建议提出。例如,学生可以使用手机或电脑登录系统,填写相关的调查问卷,提供对教学内容、教师授课方式、教育环境等方面的意见和建议。这些反馈信息能够被及时传达到相关部门和教师,对问题的发现和解决起到了关键作用。

互联网时代高校思想政治教育的质量反馈与调整还可以通过多媒体形式来展开。高校可以采用录像、录音等技术手段来实时记录教学过程。例如,在教室安装摄像头,可以录制教师的讲课和学生的学习情况。这样,教师和教育管理部门可以对教学过程进行监控和回访,以便及时发现问题并进行纠正。

高校还可以利用在线教育资源和开放式课程来进行课程的质量反馈与调整。通过开设在线课程或加入开放式课程平台,高校可以让更多的学生参与进来,并及时收集学生的学习反馈。学生在学习过程中可以留下评论,提出自己的疑问和建议。这种方式不仅能够实现教育的开放性和灵活性,也可以帮助高校更好地了解学生的需求和问题。

高校还可以通过与社会各界建立良好的合作与交流机制,加强对思想政治教育的质量反馈与调整。高校可以与各类企事业单位、政府部门以及社会组织合作,组织学生进行实地学习、参观考察等活动。通过与外界的交流与合作,学生可以更好地理解社会现实,把握实践机会,而高校也可以学习社会经验,收集相关资源,提升教育质量。

(四)质量反馈与调整的效果评估

在互联网时代,高校思想政治教育的质量反馈与调整显得尤为重要。

评估教育的效果是为了了解教育是否真正起到了预期的引导和影响作用。在互联网时代,借助技术手段可以进行全面而准确的评估。通过教育平台的数据统计可以分析学生的学习状态,如学习时长、参与讨论的频率、学习内容的掌握程度等。这些数据可以帮助教育工作者了解学生在思想政治教育中的参与程度以及对相关知识的掌握情况。

教育工作者可以基于学生的反馈意见来评估教学的效果。在互联网时代,学生可以通过在线问卷调查、即时留言、讨论区等方式向教师反馈自己对思想政治教育的看法和体验。这些反馈可以帮助教育工作者了解学生对教学内容的接受程度,对教师教学方法的评价以及对教学效果的期望。

教育工作者还可以通过开展定期的小组讨论或个别面谈等方式,与学生进行深入沟通,了解他们对思想政治教育的理解和感受。这种面对面的交流可以帮助教育工作者更加细致地了解学生的需求和困惑,以便及时调整教学策略和内容。

教育工作者不能忽视教学效果在实践中的反映和表现。通过学生的实际行动、实践活动和社会参与,判断他们是否真正将所学知识与实际应用相结合。这种实践效果评估可以帮助教育工作者检验教学目标的实现情况,以及教学内容和方法的可行性和有效性。

互联网时代高校思想政治教育的质量反馈与调整的效果评估是一个综合性的过程,教育工作者需要借助多种手段和方式来收集、分析和评估相关数据和信息。只有通过全面而准确的评估,教育工作者才能及时发现问题,调整教学策略,从而不断提升思想政治教育的质量,适应社会发展的需求。

四、高校思想政治教育的质量提升策略

(一)质量提升的需求

在互联网时代,高校思想政治教育的质量提升面临着诸多需求。随着互联网技术的广泛应用,高校学生获取和传播信息的渠道变得更加畅通,他们对于思想政治教育也呈现出了更高的期待和需求。传统的教育形式已经无法满足学生个性化、多样化的学习需求,因此亟须通过"互联网+"思维来提升教育质量。

在互联网时代,社会发展和科技进步加速了信息流动和知识传播,高校思想政治教育必须跟上时代步伐。只有通过充分利用信息化技术,将优质教育资源与互联网相结合,才能更好地传递核心价值观,助力学生正确的思想境界和道德观念的形成。

高校思想政治教育需要适应当今社会的多元化发展需求。在互联网时代,青年学生所处的社会环境日益开放和多元化,他们面临着更加复杂的世界观和价值观的冲击。因此,高校思想政治教育工作者要以更加开放包容的态度,引导学生主动思考、自主选择,培养他们独立思考和判断的能力,以应对社会的多元化发展带来的挑战。

高校思想政治教育质量提升还需要借助"互联网+"技术来构建一个开放、共享、互动的平台。通过在线学习、虚拟社交等方式,可以打破空间和时间的限制,促进学生之间的交流和互动,提高思想政治教育的参与度和学习效果。同时,通过大数据分析和人工智能技术的应用,可以实时获取学生的学习情况和反

第二章 互联网时代高校思想政治教育的管理创新

馈,及时调整教学策略,提高教育质量。

互联网时代高校思想政治教育的质量提升迫切需要满足学生个性化成长、跟上科技进步、适应社会多元化发展和构建开放互动平台等需求。只有通过充分应用"互联网+"思维和技术手段,才能推动高校思想政治教育迈向更高的质量水平,培养出思想汇聚、能力出众的高素质人才。

(二)质量提升策略

在互联网时代,高校思想政治教育的质量提升成为迫切的需求。为了适应新时代的教育需求,高校需要采取一系列切实可行的策略来提升思想政治教育的质量。

1. 充分利用互联网技术

通过搭建统一的互联网教育平台,高校可以为学生提供丰富多样的教育资源,包括在线课程、教学资料、数字化教材等。学生可以根据自己的学习兴趣和需求进行选择和学习,实现个性化教育。通过引入虚拟现实技术等,高校还可以创造更加沉浸式的学习体验,以提高学生的学习积极性和参与度。

2. 注重教育内容的更新和创新

在互联网时代,知识的更新速度极快,因此高校必须紧跟时代的步伐,及时更新教育内容。高校也要注重培养学生的创新思维和实践能力。例如,通过开设创业课程、组织创新实践活动等方式,激发学生的创新潜能,培养他们的实际操作能力和解决问题的能力。

3. 加强师资队伍建设

高校思想政治教育的质量提升离不开优秀的教师团队。高校要加强对教师的培训,提高他们的专业水平和教学能力。同时,还要加强对教师的日常管理与督导,建立全方位的评估体系,确保教学质量的持续提升。

4.加强与社会的紧密合作

高校思想政治教育的质量提升需要与社会各界共同努力。可以与企业合作，开设相关实践课程或实习项目，让学生融入实际工作环境，从中学习和实践。同时，还可以与政府、非营利组织等建立合作关系，共同探索思想政治教育的新模式与新途径。

(三)质量提升实践与效果评估

为了适应互联网时代的挑战和需求，高校思想政治教育的质量提升成为一项重要任务。

高校可以利用虚拟学习环境和在线教育平台来促进思想政治教育的质量提升。通过建设学习资源库、开设线上学习课程和交流平台，高校可以让学生随时随地获取相关知识和信息，并参与讨论和互动。这种互联网教学模式打破了传统教学的时空限制，使得教育更加灵活和个性化。

高校可以借助信息技术手段，开展对思想政治教育的实时监控和评估。通过数据分析和挖掘，可以了解学生在学习过程中的表现和反馈，从而及时调整教学策略和内容。例如，利用学习管理系统和在线测验，可以实时掌握学生的学习进度和理解情况，并对其进行有针对性的指导。

高校还可以加强学生的社会实践，提升思想政治教育的实效性。通过与企业、社区和政府等各界合作，高校可以为学生提供实践机会和社会实践项目。这些实践活动不仅能够帮助学生将所学知识应用到实践问题中，还能提升学生的实践能力和认知水平。

高校应该注重评估和反馈机制的建立，以不断改进和提升思想政治教育的质量。通过问卷调查、学生访谈和教学观察等方式，可以收集学生和教师对思想政治教育质量的评价和意见。根据评估和反馈的结果，高校可以及时对教学内容、教师培训和教材使用等方面进行调整和改进。

第三节 教师专业发展与培训管理

一、高校思想政治教育的教师角色定位

(一)网络时代下的教师角色变迁

随着互联网时代的到来,高校思想政治教育的教师角色发生了深刻的变化。在传统的教育模式下,教师往往被视为知识的传授者和权威的代表。然而,在互联网的影响下,教师的角色被重新定义和重塑。

网络时代赋予了教师更新的角色定位。传统的教师注重知识传授和学科专业的培训,而现代社会的发展对教师提出了更高的要求。在互联网时代,教师需要成为学生学习的引导者、学习资源的共享者和学习过程的管理者。他们不仅是知识的传授者,也是学生学习能力的培养者和学习资源的整合者。这种新的角色定位要求教师具备更广泛的知识背景和更深的专业素养,能够灵活应对不断变化的教育环境。

网络时代下的教师角色还强调了教师与学生之间的互动和合作。互联网技术的应用使教师可以与学生进行更紧密的联系和交流。通过网络平台,教师能够为学生远程授课和在线辅导。这种新的教育模式要求教师具备良好的沟通能力和团队合作精神,能够与学生建立良好的师生关系,激发学生的学习兴趣和积极性。

网络时代下的教师角色定位具有重要的现实意义。互联网时代的到来不仅改变了教育的形态和内容,还对社会的发展和国家的未来产生了巨大的影响。在这个时代,高校思想政治教育的任务已不仅仅是传授知识,更是培养学生全面发展和创新思维的能力。

网络时代下的教师角色发生了重大的变迁。教师不仅要充当知识传授者,

更要成为学生学习的引导者、学习资源的共享者和学习过程的管理者。他们需要与学生建立良好的互动和合作关系,灵活应对不断变化的教育环境。这种新的教师角色定位具有重要的现实意义,能够满足互联网时代的教育需求,促进学生的全面发展和社会的进步。

(二)网络时代下教师角色的重新定位

在互联网时代,高校思想政治教育教师的角色发生了重大的变化。教师在传统课堂中扮演着知识传授者、教育导师的角色。然而,随着信息技术的高速发展,互联网在教育领域的应用已经推动了思想政治教育的创新。教师的角色也需要重新定位,以适应这个新时代的需求。

1. 教师需要成为学生的学习引路人

在互联网时代,学生可以通过网络获取各种知识和信息。教师不再是唯一的知识提供者,而是需要引导学生正确地获取、评估和利用信息。教师应该培养学生的信息素养,让他们学会利用互联网进行自主学习和研究,提高他们的问题解决能力和创新能力。

2. 教师需要成为学生成长的导师

在互联网时代,教师的任务不仅是传授知识,还要培养学生的综合素质和人文精神。教师应该关注学生的思想品德、文化修养和社会责任感的发展。他们应该倾听学生的心声,理解他们的困惑和需求,给予他们正确的指导和支持,帮助他们在成长过程中探索自己的人生目标和意义。

3. 教师需要成为学生自信的助推器

在互联网时代,信息的爆炸式增长和竞争的激烈性给学生带来了巨大的心理压力。教师需要给予学生鼓励和肯定,培养他们的自信心和自尊心。教师还要激发他们的学习热情和主动性,鼓励他们勇于尝试和创新,让他们相信自己的

第二章　互联网时代高校思想政治教育的管理创新

潜力和能力,追求自己的梦想并实现自己的目标。

(三)网络时代下教师角色定位的现实意义

在互联网时代,高校思想政治教育的教师角色定位显得尤为重要。教师不再仅仅是知识的传授者,也是学生思想启蒙的引路人、观念塑造的重要促进者。在这个角色定位的过程中,高校需要意识到现实中存在的一些困境和挑战。

互联网时代的不确定性和多样性给教师的角色定位带来了新的挑战。在过去,教师主要是通过课堂教学来传递知识和价值观念。互联网的出现使得学生可以轻松地获取各种信息和观点,传统的教师角色受到了冲击。教师需要更多地关注学生在互联网中受到影响的方式,积极引导学生正确、理性地使用互联网资源。

互联网时代下教师角色定位需要注重个性化教育。由于互联网的高度交互性和个性化特点,教师可以根据学生的个性特点和需求,量身定制教学内容和教学方法。这就要求教师具备深入了解学生的能力,通过倾听、观察和与学生的互动,发现学生潜在的需求和问题,并为他们提供相应的指导和支持。

互联网时代下教师角色定位还需要注重学生的创新能力培养。互联网时代是一个信息爆炸的时代,学生需要具备信息获取和处理能力,同时也需要具备创新思维和创造力。教师可以通过激发学生的学习兴趣、组织项目实践、培养团队合作等方式,促进学生在创新方面的能力发展,帮助他们适应互联网时代的需求。

互联网时代下教师角色定位要突出教师的引导和辅助作用。互联网信息的海量性和碎片化特点,在一定程度上使学生易于迷失在信息泛滥的海洋中。教师需要充当学生的导航者和指导者的角色,帮助他们识别和评估信息,为他们提供正确的学习方法和解决问题的思路。同时,教师也需要通过有效的教学资源和平台来辅助学生的学习和交流,使学生能够更好地利用互联网进行学习。

在这个时代中,教师需要适应新的角色定位,关注学生在互联网中的学习和成长需求,注重个性化教育和创新能力培养,并成为学生的引导者和辅助者,以实现对高校思想政治教育的有效推进。

二、高校思想政治教育教师的专业发展路径

(一) 网络时代教师专业发展的新要求

随着互联网时代的到来,高校思想政治教育教师的专业发展面临着新的要求和挑战。网络时代的特点是信息量大、传播速度快,传统的教师专业发展路径已经无法满足新的需求。因此,教师在网络时代的专业发展中需要具备以下几个新要求。

1. 教师要具备信息技术运用能力

在互联网时代,教师需要熟练运用各种信息技术工具,如网络搜索、微信公众号、在线教育平台等,以便更好地获取和传播知识。通过运用信息技术,教师可以打破传统教学模式的限制,拓宽教学的方式和手段,提高学生的学习效果。

2. 教师要具备创新思维和能力

网络时代教育环境的不断变化要求教师具备应变能力和创新思维。教师应主动探索新的教学方法和教学资源,不断创新课程内容和教学设计,以满足学生在网络时代的学习需求。

3. 教师要具备跨学科合作能力

在网络时代,知识的交叉和融合越来越普遍,教师要能够与其他学科进行有效的合作。通过与其他学科的合作,教师可以拓宽自己的知识广度,提高自己的教学水平,同时为学生提供更加多元化的学科知识和思维方式。

(二) 网络时代教师专业发展路径的选择

教师可以通过系统性学习和培训来提升自己的专业素养。他们可以利用网

第二章 互联网时代高校思想政治教育的管理创新

络平台,参加在线课程、研讨会以及学术论坛,不断更新自己的教育理念和教学方法。通过与同行交流,教师可以获得新的知识和技能,提升自己在思想政治教育领域的专业水平。

教师可以积极参与研究和创新。他们可以选择开展教育研究项目,进行教学实践,推动教学方法的创新和改善。通过研究和创新,教师可以提高对学生需求的了解,并能够更好地满足学生的学习需求,提高教学效果。

教师还可以通过参与社会实践活动来拓宽自己的视野。他们可以参与社区服务、志愿者活动等,与社会各界的人士交流和互动。通过与社会接触,教师可以更好地了解社会发展的需求和趋势,从而更加准确地把握教学内容和方法,更好地培养学生的社会责任感和创新能力。

教师还应该注重自身的职业发展规划。他们可以制订个人发展计划,并随时进行调整和完善。通过明确自己的职业目标和发展方向,教师可以有针对性地开展专业学习。同时,他们还可以通过参与学术交流、发表论文等方式来提高自己在学术界的影响力和声誉。

(三)网络时代教师专业发展的难点与对策

在互联网时代,教师专业发展面临着一些难点和挑战。互联网技术的快速发展带来了新的教学方式和工具,但同时也给教师带来了新的学习和适应的压力。教师需要不断跟进最新的教育科技,学习和掌握使用各种在线教学平台、教学工具和资源库。这需要教师不断提升自己的信息技术能力和教育技术应用能力。

互联网时代的教师专业发展还面临着教育内容和教学方法的更新。传统教学方法的有效性和适用性在互联网时代被重新评估,教师需要深入研究和探索新的教学理念和方法,如探索性学习、合作学习、个性化学习等。教师还需要思考如何将互联网科技和创新方法融入课程设计和教学实践中,提升教学质量和效果。

互联网时代教师专业发展的另一个难点是如何保持专业发展动力和学习意

愿。尽管网络技术的发展给教师提供了丰富的资源和学习机会,但教师工作繁忙,可能也面临时间安排和学习动力的困扰。教师需要制订明确的学习计划,使教育技术、教育理论和学科知识的学习与专业发展相互结合;学校应鼓励教师主动参与学习和研究,提供适当的培训支持和激励机制,以保持他们的专业发展动力。

针对这些难点,可以采取一系列对策来促进教师的专业发展。一方面,学校和教育机构可以组织定期的师德师风培训和教师教育技术能力培训,提升教师的教育素养和专业技能。另一方面,学校应建立鼓励教师专业发展的激励机制,如评选优秀教师、设立教学研究基金、支持教师参与学术研究等,以激励教师积极投入教育改革和创新。

三、高校思想政治教育的教师培训计划与实施

(一)教师培训的必要性

随着信息技术的飞速发展和互联网的普及应用,高校也需要与时俱进,通过教师培训来提升教师的专业素养和教育教学能力。其一,在互联网时代,新媒体、社交网络等新兴平台正在改变人们获取信息和交流的方式,因此高校需要有针对性地培养教师的网络素养和创新意识,以更好地适应学生的需求和教学环境的变化。其二,传统的教学模式和方法已经不能完全满足当前高校思想政治教育的需求,而教师培训可以通过引入先进的教学理念和方法,提高教师在互联网时代的教育教学水平。

教师培训计划的设计也是确保教师培训有效实施的重要手段。教师培训计划应该充分考虑高校思想政治教育的特点和需求,制订计划时应结合当前的"互联网+"趋势,制定能够提升教师培训效果的具体措施。例如,培训计划可以采用线上线下相结合的培训形式,通过线上学习平台进行教材、案例和相关资料的学习,再结合线下的培训讲座、研讨会等,进行面对面的交流和反馈。在教师培训计划中,还应该注重培养教师的学科交叉能力和综合素质,使得教师能够更

第二章 互联网时代高校思想政治教育的管理创新

好地跨学科、跨领域地解决复杂问题。

教师培训的实施策略需要充分考虑教师的个体差异和发展需求。教师培训应该注重个性化和差异化,结合教师的职业发展规划和需求,提供个性化的培训项目和资源。同时,教师培训也应该注重培养教师的团队合作能力和创新精神,通过合作项目和团队竞赛来激发教师的积极性和创造力。在实施过程中,还应该注重培养教师的自主学习能力和持续专业发展意识,通过提供学习资源、导师指导、反思和总结等方式,让教师能够主动学习和成长。

教师培训的效果评估是确保教师培训实施的有效性和可持续性的重要环节。教师培训的效果评估可以通过定期进行问卷调查、学习成果展示和教育教学实践观察等方式来进行,以了解教师培训的实施效果和问题,并及时进行改进和调整。还可以通过教师的学科竞赛成绩、学术论文发表等指标来评估教师培训的长期效果和影响。

(二)教师培训计划的设计

在互联网时代,高校思想政治教育的发展对教师的专业素养有更高的要求。为了适应这一趋势,高校需要对教师进行有针对性的培训,在提升他们的教学能力和专业知识的同时,使他们能够更好地应对互联网的发展和挑战。

教师培训计划的设计需要基于对教师需求的充分调研和分析。高校教育工作者需要了解教师在思政教育中所面临的挑战和问题,以及他们对培训的期望和需求,在此基础上确定教师培训的目标、内容和形式。

教师培训计划应具有多元化和灵活性的特点。互联网的发展为教师的培训提供了更多的途径和资源。除了传统的教师培训课程,高校教育工作者还可以利用在线学习平台、教师社群和专业研讨会等方式,让教师通过自主学习和交流分享来提升自身的专业能力。

在教师培训计划的设计中,高校教育工作者还应该关注培训的实效性和可持续性。培训不仅仅是一次性的活动,更应该成为教师专业成长的阶梯。因此,高校教育工作者需要建立健全培训评估机制,及时反馈教师培训的效果和问题,并进行相应的优化和调整。

设计教师培训计划还应充分考虑个体差异和学科特点。不同的教师在专业知识、教学经验和发展需求上存在差异，因此，应该根据教师的具体情况来制定相应的培训内容和方式。不同学科的思政教育也有其独特性，教师培训计划应该根据学科特点进行不同程度的调整。

(三)教师培训计划的实施策略

为了提高教师的专业水平和教育能力，并培养他们适应新时代教育需求的能力，需要制订合理的教师培训计划并落实到实际操作中。

1. 注重学科知识的更新与提升

随着社会不断发展，新知识的涌现和学科的更新都要求教师保持与时俱进。因此，在培训计划中，应考虑不同学科领域知识的专业性培训，通过引入新的教学方法、教材、教具等方式，不断提升教师的学科素养和教学能力。

2. 注重教育理念的更新与引导

互联网时代已经深深地影响了高校思想政治教育的发展，因此教师要适应新形势下的教学要求，关注教育理念的更新。在培训计划中，可以引导教师重新审视教育目标、教育方式和教育手段等方面，通过讨论研究、案例分析等方式，激发教师思考和创新，引导他们主动适应互联网时代的教育创新。

3. 注重教育技能的提升与实践

教师的教育技能对于教学效果的提升至关重要。在培训计划中，应该注重教师的教学方法、课堂管理、评价与反馈等方面的培训。通过多种教学设计和实践活动，激发教师的创新意识和实践能力，提高他们的教学技能和教学效果。

4. 注重教师专业发展能力的培养

教师作为高校思想政治教育的核心力量，需要在专业发展路径上得到有效的培养和扶持。培训计划应该提供个性化的发展路径和机会,通过定期的个人发展规划、师资培养计划、职称评定等方式,激励和激发教师的教育激情和专业发展动力。

(四)教师培训效果的评估

在教师培训的过程中,评估教师培训效果是至关重要的一环。通过评估,可以客观地了解教师培训计划的实施情况,以及对教师个人成长和学校教育发展的贡献程度。

在评估教师培训效果时,可以采用定量和定性相结合的方法。定量评估是指通过数据的收集和分析,统计教师参与培训活动的人数、培训进度、培训内容的理解程度等。可以依托现代信息技术手段,通过问卷调查、测试评测等方式进行数据收集。定性评估是指通过观察、访谈、案例分析等方法,了解教师在教学实践中的变化和提升。通过定性评估,可以更加深入地了解教师培训对于他们教学能力和教育理念的影响。

在评估教师培训效果时,需要制定明确的评估指标和评估标准。评估指标可以包括教师的知识水平提高程度、教学设计能力的提升、教学效果的改善等方面。评估标准可以根据培训目标和期望结果来确定。例如,对于教师的知识水平提高,可以根据参与培训课程的成绩或评测结果来评估;对于教学设计能力的提升,可以通过评价教师的教案设计或课堂观察来衡量;对于教学效果的改善,可以通过学生评价、教学成果展示等渠道来评估。

评估教师培训效果时应该结合实际的应用情况和教师的职业发展需求。这意味着评估结果应该不仅仅是学术性的,还应该能够直接与教师的工作实践和个人发展相结合。因此,在评估中应该充分考虑教师的实际工作情况,以及他们在实际教学中应用培训内容和方法的能力。

对于评估的结果应该及时进行反馈和总结,并作为未来教师培训计划调整和改进的依据。通过评估结果的分析,可以发现教师培训中存在的不足之处,并及时进行有针对性的改进。同时,评估结果也可以为其他学校和培训机构提供经验和借鉴,以促进整个高校思想政治教育教师培训体系的不断发展和创新。

四、高校思想政治教育教师的激励机制

(一)教师激励的重要性

随着信息技术的快速发展,教育的方式和手段发生了巨大的变化。互联网时代给高校思想政治教育带来了新的挑战和机遇,同时也对教师提出了新的要求。教师激励作为一种有效的管理手段和管理思想,对于激发教师的积极性和创造性,提高教学质量具有重要的作用。

教师激励可以激发教师的积极性。在互联网时代,教育环境、学生需求和教学手段都发生了很大变化。教师面临着更多的压力和挑战,需要不断学习和提升自己的教学能力。高校可以通过设置明确的目标和奖励机制,激发教师的求知欲和工作动力,鼓励教师积极探索创新教学方法,提高教学效果。

教师激励可以促进教师的专业发展。在互联网时代,高校思想政治教育需要教师具备更广泛的知识和能力,以应对复杂多变的教学环境。高校可以通过提供各种专业发展的机会和资源,帮助教师不断学习和提高自己的专业水平。例如,可以组织教师参加学术研讨会、教学培训等活动,提供专业书籍和研究项目的支持,激励教师积极投入专业发展中。

教师激励可以改善教师的工作环境。互联网时代高校思想政治教育的创新需要教师在教学过程中更好地利用信息技术,提供更优质的教学资源和服务。而这一切都需要具备良好的工作环境和支持。高校可以通过改善教学设施、提供良好的教学条件,增加教师的工作满意度,提高他们的工作效率和教学质量。

教师激励在互联网时代高校思想政治教育中可以激发教师的积极性,促进教师的专业发展,改善教师的工作环境。在构建和实施教师激励机制的过程中,应注重设置明确的目标和奖励方式,提供专业发展的机会和资源,改善

教师的工作环境,以激励教师不断进步,提高教学质量和效果。需要定期评价教师激励机制的效果,及时进行调整和改进,以保证教师激励机制的有效运行。

(二)教师激励机制的构建

在互联网时代高校思想政治教育中,构建有效的教师激励机制显得尤为重要。激励机制的合理构建,能够激发教师的工作热情和创造力,从而提升教学质量和教育效果。

1. 明确目标和指标

高校在确定教师激励机制时,应明确激励的目标是提高教师的工作积极性和创造力,进而提升教学效果。具体的指标可以包括教学评价结果、教师的科研成果、教师的专业发展水平等。通过明确目标和指标,可以确保激励机制的有效性和针对性。

2. 多种形式的激励方式

对于教师而言,激励不仅包括薪酬的增加,还包括职称的评定、荣誉的授予、职务的晋升等。多种形式的激励方式可以满足不同教师的个体需求,激发其工作动力和创造力。

3. 注重公平与公正的原则

构建激励机制时,应确保激励措施公平公正地给予每一位教师。这意味着激励机制要对各项指标进行权衡,确保教师在不同方面的贡献都能得到充分的认可。激励机制也要规范和明确相关的程序和条件,避免不公平现象的出现。

4. 借助先进的信息技术手段

在互联网时代,高校可以利用先进的信息技术手段,建立便捷高效的教师激励管理系统。该系统可以对教师的工作、贡献和成绩进行有效记录和评估,并实时提供激励结果和反馈。这不仅提高了激励机制的透明度和公开性,还便于教师了解激励政策和进一步明确个人发展方向。

(三)教师激励效果的评价

在构建完教师激励机制后,必须对其效果进行评价,以确保教师激励机制的有效性和可持续性。教师激励效果的评价是对教师激励机制的实施及其所产生的影响进行客观、全面的分析和评估。

评价教师激励效果的方法有很多种,可以从多个角度考察和衡量。例如,可以从学生反馈的角度评价教师激励的效果。学生的评价是衡量教师教学工作质量的重要指标之一,他们对教师的教学表现和对学习的积极性产生直接影响。通过收集学生的反馈意见和建议,高校教育工作者可以了解教师激励机制对教学质量的影响程度,从而做出有针对性的改进。

教师的工作负荷和教学成果也是评价教师激励效果的重要依据。通过考查教师的工作量、教学成果和学术水平的提升情况,客观地评估教师激励机制对教师个体的激励效果。例如,教师激励机制是否能够激发教师的工作热情和积极性,是否能够提高教师的教学效果和学术研究水平等。

教师激励效果的评价还可以结合学校整体发展情况来考量。通过分析教师激励机制对学校教育质量和整体发展的促进作用,评估教师激励机制对学校整体竞争力和影响力的提升程度。这包括学校的学术声誉、科研实力、人才吸引力等方面的评价。

对教师激励效果进行评价时还需要考虑教师个体的发展和成长。教师激励机制的最终目的是帮助教师实现个人发展和职业成长,因此评价教师激励效果时应该关注教师在教学、科研、学术影响力等方面的个人提升情况。这包括教师的职称晋升、学术论文发表情况、科研项目获批情况等。

第四节 学生服务与支持管理

一、高校思想政治教育的学生需求分析

(一)学生对思想政治教育的认知需求

学生对思想政治教育的认知需求在互联网时代呈现出新的特点。传统的教育方式已经无法满足学生在信息技术高度发达的背景下的认知需求。学生希望通过思想政治教育来增强他们的社会责任感和使命感。在信息时代的冲击下，年轻一代的学生更加注重社会问题，希望通过学习思想政治教育的知识和理念，去认识社会现实，培养对于社会问题的敏感性和批判性思维。

学生更加强调对于多元文化和价值观的理解和包容。在全球化的背景下，不同文化的交流与碰撞日益频繁。学生希望通过思想政治教育，了解不同文化间的差异和交融，培养跨越时空的沟通和认知能力。在教育中融入多元文化的教学内容和案例分析，能够更好地满足学生对于认知的需求。

学生希望通过思想政治教育来提高自身的创新能力和批判性思维。在信息爆炸的时代，学生面对海量的信息，需要具备判断和分析信息的能力。他们希望通过思想政治教育的学习，培养自己的批判性思维和创新能力，以更好地应对信息时代的挑战。

学生对思想政治教育的认知需求也包括了对个人成长的关注。学生希望通过思想政治教育的学习，了解自己的身份与价值观，并探索个人的发展方向。他们追求个人成长和发展，希望通过思想政治教育实现自我价值、获得社会认可。

互联网时代下的学生对于思想政治教育的认知需求呈现出多元化和个性化的特点。学校在设计思想政治教育课程时，应当关注学生的认知需求，注重培养学生的社会责任感、多元文化理解、创新能力和个人发展，以更好地适应时代发

展的要求。

(二)学生对思想政治教育的情感需求

学生对思想政治教育的情感需求在互联网时代下具有一定的特点。随着信息技术的发展和普及,学生更加依赖网络平台获取信息和交流。他们希望通过思想政治教育获得情感上的引导和支持,以建立良好的社会关系并提升情感回应能力。同时,他们希望教育系统对他们的情感状态和心理健康给予足够的重视,并提供相应的帮助和支持。

学生对思想政治教育的情感需求还体现在对教育环境和氛围的期待上。学校应积极营造积极向上、关爱友善的校园氛围,为学生提供情感支持的空间和机会。例如,组织丰富多彩的社团活动、文化艺术节等,鼓励学生积极参与其中,并通过这些活动培养他们的情感交流和合作能力。

在互联网时代背景下,学生对思想政治教育的情感需求呈现多样化的特点。学校应关注学生情感需求的个体差异,通过提供个性化的教育支持和丰富多样的教育环境,满足学生情感成长的需要。只有如此,才能更好地激发学生的学习兴趣,促进他们全面发展和成长。

二、高校思想政治教育的学生个性化教育研究

(一)个性化教育的理念

在互联网时代,高校思想政治教育面临着新的挑战和机遇。随着信息技术的快速发展,互联网的普及和深入既改变了人们的生活方式和学习环境,也对高校思想政治教育提出了更高的要求。在这个时代背景下,个性化教育理念应运而生,成为高校思想政治教育的重要方向之一。

个性化教育理念的核心是将学生个体的差异性充分考虑进教育中,关注每个学生的特长、兴趣、需求等方面,提供个性化的教学内容和学习支持。在

互联网时代,个性化教育可以借助信息技术的优势,为学生提供精准的学习资源、个性化的学习路径和个性化的学习评价,从而更好地满足学生的学习需求。

(二)个性化教育的方法

在互联网时代,随着信息技术的不断发展和应用,高校思想政治教育也需要与时俱进,更好地适应学生的个性化需求。因此,个性化教育方法成为高校思想政治教育中不可忽视的一环。

为更好地实施个性化教育,教育工作者需要充分了解学生的个性特点及他们的学习风格与需求。通过调查问卷、访谈等方式,获取学生在思想政治教育方面的兴趣、关注点及困难与挑战。通过对数据的分析和总结,可以形成对学生个性化教育需求的了解,为进一步的教育方法实施提供指导。

在实施个性化教育时,需要注重灵活性和多样性。教育工作者应通过多种方式来满足学生对个性化教育的需求。例如,针对喜欢文字阅读的学生,可以提供更多的教材、文献推荐和思考题,激发他们的思辨能力和创造力;针对喜欢多媒体表达的学生,可以组织线上讲座、演讲比赛等活动,让他们通过多媒体展示自己的观点和思考;可以通过小组讨论、辩论赛等方式,培养学生的合作和沟通能力。这些灵活多样的教育方式能够更好地满足学生个性化的学习需求,提高他们学习的积极性和参与度。

在实施个性化教育时,需要注重学生的反馈和评估。通过定期的学生满意度调查、学习成绩评估等方式,了解学生对个性化教育方法的反应和学习效果。根据学生的反馈意见,及时调整教育方法,使其更好地适应学生的需求。

(三)个性化教育的效果及影响

个性化教育是互联网时代高校思想政治教育中的一种重要措施,旨在满足学生个体差异,因材施教,实现个性化发展。个性化教育的效果主要体现在以下方面。

1. 更好地激发学生的学习兴趣

在传统教育中,因为教学内容普遍化、教学方式单一,往往难以引发学生的积极参与和兴趣。个性化教育充分考虑学生的兴趣、爱好和特长,通过针对性的教学内容和方法,激发学生学习的主动性和积极性。学生在学习过程中能够更加投入,学习效果得到显著增强。

2. 提升学生的学习能力

每个学生的学习方式和能力存在差异,个性化教育能够根据学生的特点和需求,为其提供适合的学习资源和学习支持。通过针对性的辅导和指导,学生能够更好地掌握学习方法和技巧,从而提高学习效率和质量。而且,在个性化教育的引导下,能够培养学生的批判性思维和创新能力,提升学生综合素质。

3. 对学生的个人发展和自我认知产生积极的影响

通过个性化教育,学生能够更好地认识自己的潜能和优势,树立正确的学习目标和职业规划。在个性化教育的指导下,学生将逐渐形成自主学习的习惯和能力,增强自信心和自律性,为未来的发展奠定坚实的基础。

三、高校思想政治教育的学生学习支持体系研究

(一)学生学习支持体系的构建

在互联网时代,高校思想政治教育的方式和方法正在发生深刻的改变。学生学习支持体系作为一种重要的教育手段和工具,被广泛认为是满足学生学习需求、提升教育效果的关键所在。在构建学习支持体系时,需要注重以下方面。

1. 充分利用互联网技术和资源

互联网的普及和发展极大地拓宽了学生获取知识和信息的途径。通过建立

网络学习平台、开发在线课程及提供互动学习工具,学生可以在任何时间、任何地点进行学习,并且获得相关的资源和支持。同时,可以利用大数据和人工智能技术,对学生的学习行为和学习进度进行监测和分析,从而为学生提供个性化的学习指导和支持。

2. 注重培养学生的学习能力和自主学习意识

传统的教学模式往往是教师主导的知识传授,而互联网时代的学生要具备快速获取和处理信息的能力。因此,在构建学习支持体系时,应该注重培养学生的信息素养、学习方法和自主学习能力。通过提供学习指导、学习技巧培训及学习资源的引导,帮助学生树立正确的学习态度,应用正确的学习方法,从而提高学习效果和学习自觉性。

3. 注重师生互动和学生之间的合作学习

互联网提供了丰富的合作学习平台和工具,可以通过在线讨论、群组合作等方式,促进学生的相互交流和学习互助。教师需要发挥引导和促进的作用,激发学生的学习兴趣和主动性。教师也需要及时了解学生的学习情况和问题,进行有针对性的指导和反馈。学生之间的合作学习,有助于培养学生的团队合作能力、沟通能力和创新思维能力,提高学习效果和学习满意度。

(二)学生学习支持体系的运行机制

学生学习支持体系依托现代信息技术,为学生提供了丰富多样的学习资源和学术信息。通过建设学术数据库、电子图书馆及在线教学平台,学生可以随时随地获取各类学习资料和课程内容。这种便利性有效地支持了学生的学习需求,使他们能够更加自主地选择学习资源,提高学习效果。

学生学习支持体系通过建立学习交流平台,促进了同学之间的互动与合作。借助社交媒体、在线讨论论坛等工具,学生可以方便地与同学进行知识分享、学习讨论和合作学习。这种交流互动的机制不仅能帮助学生解决学习问题,还能促进彼此之间的思想碰撞和学术成长。学生可以通过互相启发和协作,提高自身的学习能力和解决问题的能力。

学生学习支持体系非常注重个性化学习的实现。通过智能化学习系统的建设,学生可以根据自身的学习兴趣、学习风格和学习进度进行个性化的学习安排。系统会根据学生的学习情况和兴趣偏好,给出相应的学习建议和资源推荐。这种个性化的学习体验提高了学生的学习积极性和主动性,更好地满足了学生不同层次的学习需求。

学生学习支持体系重视组织开展学习能力培养的相关活动。通过组织学习方法讲座、学术论坛、科研实践等活动,学生可以了解和学习一些有效的学习技巧和方法。这些活动旨在提高学生的学习能力,培养他们的学术素养和创新能力。学生学习支持体系的运行机制相辅相成,不仅提供了学习资源和学术交流的平台,还致力于全面提升学生的学习能力和素质。

(三)学生学习支持体系的优化策略

在互联网时代,学生学习支持体系的优化显得尤为重要。为了提供更加个性化的学习支持,高校需要采取一系列措施,以满足学生的不同需求和特点。

高校可以通过建立多样化的学习平台,为学生提供灵活的学习环境。这些学习平台应当包括各类教育资源的整合,如网络课程、在线教学资源、电子图书等。高校还可以引入智能化的学习系统,通过数据分析和个性化推荐,提供有针对性的学习内容和学习计划,帮助学生更好地掌握知识。

高校可以加强与社会资源的合作,为学生提供实践机会和职业指导。通过与企业合作开展实习项目,学生可以将所学的理论知识应用到实践中去,提升自己的实践能力和就业竞争力。高校还应当提供丰富的实践活动和社会实践机会,帮助学生更好地了解社会,培养实践能力。

高校应当注重学生自主学习能力的培养。在学生学习支持体系中,高校可以设立自主学习中心或提供自主学习指导课程,帮助学生掌握学习方法、提高自主学习和信息获取能力。高校还可以通过学习技能培训和学业辅导,帮助学生更好地规划学习时间和提高学习效率。

高校应当重视学生的反馈和评估机制,以不断优化学生学习支持体系。通过定期的学生满意度调查和教育效果评估,高校可以了解学生对学习支持体系的需求和意见,以便及时进行改进。高校还可以积极借鉴其他学校或机构的成功经验,参与教育研究与交流,不断提升学生学习支持体系的质量和效果。

四、高校思想政治教育的学生教育效果评估

(一)教育效果评估的标准和方法

在互联网时代,为了更好地了解学生在思想政治教育中的学习情况,评估其受教育效果的高低,教育工作者需要确定一套科学合理的评估标准和方法。

针对高校思想政治教育的特点,教育工作者应该明确评估标准,以确保评估过程的科学性和客观性。例如,可以从思想政治教育的目标达成情况、知识水平提升、思想品德培养等方面制定评估标准。这些标准应该能够较准确地反映学生在学习过程中所获得的成果。

为了更好地对教育效果进行评估,教育工作者需要采用多样化的评估方法。不仅要依靠传统的问卷调查和面谈等方式收集学生的意见和反馈,还可以借助现代技术手段,如数据分析、互联网平台等,对学生在思想政治教育中的表现和变化进行全面、细致的记录和分析。这样,教育工作者就能够更全面地了解学生在学习过程中的实际情况。

为了提高评估效果,教育工作者可以借鉴其他领域的评估方法和经验。例如,可以参考教育领域已有的成熟评估体系,借鉴其指标体系和评估方法。教育工作者还可以学习其他行业的评估经验,如企业绩效评估、项目评估等,借鉴其科学、系统的评估思路和方法,以提高思想政治教育的评估准确性和科学性。

（二）教育效果的评估模型

在当前互联网时代，高校思想政治教育面临着新的挑战和机遇。为了更好地适应学生的需求，提高教育效果，教育工作者需要建立一套适应互联网时代的教育效果评估模型。在这个模型中，教育工作者应该采用更加灵活多样的方法来评估学生的思想政治教育效果。

借鉴互联网技术的优势，利用大数据分析和人工智能技术来进行教育效果的评估。通过收集学生学习过程中的各种数据，如学习内容的点击量、在线学习时间、学习记录等，结合学生成绩和考试表现，可以建立起一个全面、客观的评估体系。利用人工智能技术，可以将学生的学习行为与认知状况进行分析，从而深入了解学生在思想政治教育中的学习情况和效果。

引入学生主体参与的评估方法。在互联网时代，学生的参与度得到了极大的提高。借助在线问卷调查、焦点小组讨论、学生反馈等方式，邀请学生对思想政治教育的效果进行评价。了解学生对教育内容的满意度、学习动力的变化、价值观的调整等方面的反馈，可以更准确地评估教育效果的好坏，并及时调整教育策略。

可以采用案例分析的方式进行教育效果评估。通过收集和分析学生在实际生活中的思想政治行为，可以了解思想政治教育对学生的实际影响。例如，通过观察学生是否积极参与社会公益活动、是否具备独立思考和解决问题的能力等方面，可以判断思想政治教育的效果。

（三）教育效果的实证分析

在互联网时代，高校思想政治教育的教育效果评估变得尤为重要。为了更好地了解学生在思想政治教育中所取得的具体效果，教育工作者需要进行实证分析，以量化和评估教育成果。

针对教育效果评估，教育工作者需要明确评估的标准和方法。评估标准应该包含学生知识水平、思想政治素养、价值观养成及能力提升等方面。这些指标

第二章　互联网时代高校思想政治教育的管理创新

需要在教育过程中进行设定,并且要具有可衡量性和可比较性。评估时应该综合运用问卷调查、实地观察、学生成绩分析等手段,以获得准确全面的评估结果。

互联网时代的教育效果评估模型也需要被构建和应用。随着信息技术的发展,可以利用互联网和大数据分析的方法来进行教育效果评估。通过学生学习轨迹分析、网络学习行为数据收集和分析等手段,能够更好地了解学生在思想政治教育中的表现和成长情况。同时,结合传统的教育效果评估模型,有针对性地进行教育措施的改进和优化。

教育效果的实证分析应该具有科学性和可靠性。研究者需要选择合适的研究方法和统计分析工具,以确保所得到的结果具有可信度和可操作性。样本的选择和数据的收集也需要经过严格的设计和控制,以减少误差的影响。只有在科学的研究设计和数据分析的基础上,教育工作者才能获得准确的教育效果评估结果,并且为高校思想政治教育的改进提供有力的依据。

第三章　互联网时代高校思想政治教育的教学方法

第一节　互动式教学法

一、互动式教学法的概念

(一)定义与理论基础

互动式教学法作为一种现代教学方法,在教育领域得到了广泛的关注和应用。它的核心理念是通过学生与教师、学生与学生之间的互动,促进知识的共同构建与交流,激发学生的积极性和主动性。互动式教学法强调学生在学习过程中的主体地位,倡导以学生为中心的教学模式。通过这种方式,学生能够从被动的接受者转变为积极的参与者,从而提高他们的学习兴趣和学习效果。

互动式教学法的理论基础主要包括社会认知理论、建构主义理论和情境理论等。社会认知理论强调人的学习是通过社会交往和认知活动来实现的,而不仅仅是被动接收信息。建构主义理论认为学习是一个主动建构的过程,强调学习者的主观能动性和知识的内化过程。情境理论强调学习应该紧密结合具体情境,使学生将所学知识应用到实际生活中。

在实践中,互动式教学法具体包括讨论、小组活动、案例分析、角色扮演等多种教学方法。通过讨论,学生可以自由交流和分享自己的观点与经验,激发集体智慧。小组活动则可以促进学生之间的合作与互助,培养团队合作精神和沟通能力。案例分析与角色扮演的教学方法可以让学生在模拟情境中进行实际操作与思考,培养他们的问题解决能力和创新意识。

在运用互动式教学法时,教师应该充分明确教学目标,合理设置教学环节,确保学生在互动中真正获得有意义的学习体验。教师还应该灵活掌握教学方法,根据学生的不同需求和特点进行调整,让互动式教学法更好地适应教学实践。

互动式教学法通过促进学生与教师、学生之间的互动,培养学生的思考与合作能力,提高他们的学习效果。在互联网时代的高校思想政治教育中,互动式教学法的应用具有重要意义。因此,深入研究互动式教学法的定义与理论基础,对于推动高校思想政治教育的创新发展,提高教学质量,具有重要的现实意义。

(二)互动式教学法的特点

互动式教学法作为一种教学模式在高校思想政治教育中得到广泛应用。它通过积极引导学生参与讨论、合作学习和实践操作,促进知识的共同构建与理解。互动式教学法具有以下特点。

1. 强调学生主体性

互动式教学法倡导学生参与教学过程,注重培养学生的主动性和创造性。学生不再是被动地接受知识,而是学习过程中的积极参与者。他们可以通过提问、讨论和解决问题来表达自己的观点和理解,从而更好地掌握知识。这种主体性的学习方式有助于激发学生的学习兴趣和学习动力。

2. 构建共同合作的学习环境

互动式教学法强调学生之间的合作与互动。教师可以组织学生进行小组讨论、小组项目和小组实验等活动,让学生在小组中相互合作、相互学习。这样的学习方式不仅可以促进学生之间的交流与合作,还可以培养学生的团队合作能力和解决问题的能力。

3. 注重实践操作与应用

互动式教学法注重将理论与实践相结合。教师可以组织学生进行实践操作,如课堂上进行案例分析、实地考察或模拟实验等。通过实践操作,学生既能够加深对知识的理解,也能够将所学的知识应用到实际问题中,提升解决问题的能力和应用能力。

4. 强调师生互动与反馈

在互动式教学中,师生之间的互动是非常重要的。教师应该积极引导和激发学生的思考,鼓励学生提问、解答问题和表达观点。同时,教师需要及时给予学生反馈和评价,帮助学生发现不足之处并加以改进。这种师生互动的形式能够有效提高教学效果,促进师生之间的有效沟通与互动。

二、互动式教学法在高校思想政治教育中的实施步骤

(一) 制订互动式教学法的教学计划

互动式教学法在高校思想政治教育中的应用需要有明确的教学计划。制订互动式教学法的教学计划旨在确保教学活动的有效性和有序性,使学生能够积极参与互动式的学习过程中。

制订互动式教学法的教学计划需要明确教学目标。教学目标应基于课程要求和学生需求,具体而明确地描述学生所需要掌握的知识、技能和态度。例如,在思想政治课中,教学目标可以包括提高学生对相关理论知识的理解和掌握,培养学生的批判性思维和创新意识等。

教学计划需要确定适当的教学内容和教学方法。互动式教学法注重学生的参与和互动,因此,在确定教学内容时应注重内容的启发性和互动性。可以通过引入案例分析、讨论、问题解决等多种教学活动来促进学生的思考和互动。教学方法的选择应结合课程特点和学生背景,适应学生的学习需要并激发其学习兴趣。

教学计划需要安排适当的时间和资源。互动式教学法可能需要更多的时间来进行学生间的互动和讨论,因此,教学计划中需要合理安排教学时间,并确保

教育资源的充足性,如教室设施、互联网资源等。

在制订教学计划时还需要考虑评估方法和评估指标的选择。互动式教学法注重学生的参与和互动,因此,评估方法应采用综合性和多样化的方式,如课堂表现评价、小组讨论评价等。评估指标应与教学目标相对应,能够全面反映学生在互动式教学中的学习成果和能力发展。

(二)设计并实施互动式教学活动

互动式教学活动是在高校思想政治教育中应用互动式教学法的重要环节。设计和实施有效的互动式教学活动能够提高学生的积极参与和主动学习程度,促进他们的思辨能力和问题解决能力的发展,进而达到更好的教学效果。

教师在设计互动式教学活动时需要考虑活动的目标和内容。互动式教学活动的目标应当明确清晰,可以通过问题解决、小组讨论、角色扮演等多种形式来促进学生的参与。例如,在思想政治课的教学中,可以设计一场辩论赛,让学生根据不同观点进行辩论,从而培养他们的辩论技巧和思辨能力。教师还应当确定活动的内容,确保与课程内容相契合,能够引发学生的兴趣和思考。

教师要选择合适的教学方法和策略来实施互动式教学活动。互动式教学活动不限于传统的教师讲授方式,可以采用案例分析、问题解决、小组讨论、角色扮演等多种方法来激发学生的学习兴趣和参与度。例如,在课堂上,可以给学生分组进行小组讨论,让学生主动提出问题、分析问题,并给出解决方案,通过团队合作来达到共同学习的目的。

在设计互动式教学活动时,教师要根据学生的特点和需求进行个性化设置。不同学生具有不同的学习方式和兴趣,教师应该根据学生的特点合理安排活动内容和形式,使每个学生都能够积极参与互动式教学。例如,对于比较内向的学生,可以适当减少大规模的集体讨论,增加小组合作的机会,让他们更好地融入学习中。

评估互动式教学活动的效果也是至关重要的。教师可根据活动设计的目标,采用问卷调查、小组讨论、个人总结等方式,对学生的学习效果进行评价。通过评估活动效果,教师可以及时了解学生的学习情况,调整教学策略,不断改进和完善互动式教学活动的设计。

设计并实施互动式教学活动是高校思想政治教育中应用互动式教学法的重要环节。教师需要明确活动目标和内容,选择适合的教学方法和策略,并进行个性化设置,最后进行活动效果评估。通过精心设计的互动式教学活动,可以激发学生的学习兴趣和积极性,提高教学效果,促进学生的思辨能力和问题解决能力的发展。

三、互动式教学法在高校思想政治教育中的注意事项

(一)学生参与度的提高

学生参与度的提高是互动式教学法的核心目标之一。通过有效的互动,教师可以激发学生的学习兴趣,提高他们的积极性和主动性。以下是一些可以提高学生参与度的方法。

1. 营造积极的学习氛围

教师可以通过营造积极的学习氛围来鼓励学生参与互动。例如,教师可以运用丰富多样的教学资源,如教学视频、图表、案例分析等,以吸引学生的注意力,激发他们的学习兴趣。

2. 采用小组讨论和合作学习的方式

小组讨论可以促进学生之间的互动和合作,加强学生之间的交流。教师可以组织学生进行小组活动,让他们在小组内互相交流观点、解决问题,从而培养他们的合作精神和团队意识。

3. 鼓励学生提问和回答问题

教师可以引导学生主动提问,并及时回答学生的问题。通过问答环节,教师

可以促进学生思考,提高学生的表达能力,激发他们的学习积极性。

4. 运用多媒体技术提高学生的参与度

通过使用投影仪、电子白板等现代化教学设备,教师可以将课堂内容呈现得更加生动有趣,以吸引学生的注意力,激发他们的学习兴趣和积极性。

5. 关注学生参与度的评估和反馈

教师可以通过课堂观察、学生反馈问卷等方式了解学生在互动中的参与程度,并及时给予学生积极的反馈和鼓励。教师还可以根据学生的表现调整教学策略,进一步提高学生的参与度。

(二)技术设备的选择与使用

在互动式教学法的实施中,选择合适的技术设备并正确使用是非常关键的。要根据教学目标和教学内容来选择合适的技术设备。不同的课程内容可能需要不同的设备来支持教学,例如,对于语言类课程,会议室内的音频设备和录音设备可以为学生提供听力训练;对于艺术类课程,摄像设备和图形软件可能更加有用。因此,在选择技术设备时,教师要充分考虑课程的特点和学生的需求。

正确使用技术设备也是十分重要的。教师在使用技术设备进行教学时,应该提前熟悉设备的操作方法,并进行演练和测试。在课堂上,教师要清晰地向学生介绍设备的使用方法,包括如何打开设备、调节音量和亮度以及如何操作相关软件等。教师还要根据课程需要进行技术设备的实时调整和操作,以确保教学效果的最大化。

教师还应该在使用技术设备时注重与学生的互动。互动是互动式教学法的核心,而技术设备只是辅助工具。教师应该利用技术设备创造多种互动形式,例如,通过投影仪展示学生作品,让学生分享自己的心得体会,或者通过在线问答平台进行互动交流。通过这样的互动形式,学生能够更加积极主动地参与教学过程,增强对知识的理解和记忆。

在选择和使用技术设备的过程中,教师还应该注意设备的维护和更新。技术设备的维护工作包括设备的清洁、检修和修复等,确保设备的正常运行。随着科技的发展,新的技术设备不断涌现,教师要密切关注科技动态,适时更新和引入新的设备,以满足学生不断变化的学习需求。

在互动式教学法中,选择合适的技术设备并正确使用是确保教学质量的重要因素。教师应该根据教学目标和教学内容,选择合适的设备,并在使用过程中注意与学生的互动,同时注意维护设备的正常运行并适时更新设备。这样才能更好地实施互动式教学法,提高学生的学习效果和参与度。

(三) 教师角色的转变

在互动式教学法的实施过程中,教师扮演着至关重要的角色。与传统的教学模式相比,互动式教学法要求教师从传授知识的单一角色转变为学生指导和引导的角色。教师应积极倡导学生主动参与、积极思考和自主学习。

教师在互动式教学中扮演着引导者的角色。他们需要设定明确的学习目标,并提供必要的指导和支持,帮助学生理顺学习思路,激发学生的学习兴趣和潜能。教师还要善于引导学生发现问题、寻找解决问题的方法,并鼓励学生通过独立探究和合作学习来获得知识。

教师在互动式教学中扮演着促进者的角色。他们需要通过创设积极互动的学习环境,激发学生的学习热情和合作精神。教师可以借助多种教学工具和技术,如电子白板、互动软件等,来提高课堂互动效果和学生的参与度。同时,教师应鼓励学生积极发表自己的观点、提出问题,引导学生之间的互动交流,促进知识的共享和合作探究。

教师在互动式教学中要注重学生的个性化发展。每个学生都有自己的学习特点和兴趣爱好,教师应根据学生的差异性,采用不同的教学策略和方法,促使每个学生都能够发挥其潜能和优势。教师还需要注重学生的情感培养,与学生建立良好的师生关系,增强学生对学科的兴趣和热爱。

第二节　体验式教学法

一、体验式教学法的概念

(一)定义

体验式教学法是一种基于学生亲身参与和实践体验的教育方法。它强调学生在真实的情境中自主探究和实践学习,通过亲身经历来培养学生的能力和素质。体验式教学法作为一种创新的教学方式,具有较高的教育效果和学生满意度,得到了广泛的关注和应用。

(二)理论基础

1. 建构主义学习理论

根据建构主义学习理论,学生的学习是通过与环境的互动,主动地构建知识结构的过程。体验式教学法提供了创造性、互动性和体验性的学习环境,使学生能够积极地参与其中,从而更好地构建自己的知识体系。

2. 情感教育理论

情感教育理论认为情感是学习的动力和决定因素之一,通过情感体验可以激发学生的学习热情和兴趣。在体验式教学法中,学生被鼓励尝试新的事物、面对挑战和解决问题,从而培养积极的情感体验,提高学习的效果。

3. 情境教学理论

情境教学理论强调将学习环境与实际情境相结合,让学生在真实的情境中进行学习和实践。体验式教学法提供了各种情境和场景,让学生通过实际的体验来感知和理解知识,从而使学习更加具有实用性和可操作性。

二、体验式教学法在高校思想政治教育中的应用

(一)应用形式

在互联网时代,高校思想政治教育必须与时俱进,不断创新教学方法,提高教学质量。体验式教学法作为一种有效的教学方式,在高校思想政治教育中得到了广泛应用。

借助新媒体与互联网技术及在线教学平台搭建虚拟实验室,实现远程教学。通过虚拟实验室,学生可以在不受时间和地域限制的情况下,参与到真实的实验场景中,亲身体验科学实验的过程与乐趣。这种应用形式使学生在学习的过程中能够获得更多的互动与参与,提高学习的积极性和效果。

借助社交媒体和移动应用技术,创建在线交流平台,组织各种互动活动。例如,学生可以通过社交媒体平台参与学术讨论、辩论赛等活动中,与其他同学进行深入的交流和思想碰撞。这种应用形式不仅拓宽了学生的思维视野,还培养了他们的表达能力和团队合作精神。

借助现场实践和实地考察,让学生亲身体验社会实践的各个环节。例如,学生可以参观企业、政府机构或社会组织,了解真实的工作环境和社会现象。通过与实际情境的接触,学生能够更好地理解理论知识的应用,并培养解决实际问题的能力。

借助案例分析和教育游戏,让学生通过模拟情境来丰富思考和决策。例如,可以借助虚拟现实技术创建教育游戏,让学生在游戏中扮演不同角色,面对各种情境进行决策,并体验后果。这种应用形式不仅能够提高学生的问题解决能力,还能够激发他们的创造力和创新思维。

(二)效果分析

体验式教学法能够激发学生的学习兴趣和动力。传统的课堂教学往往以教

师讲解,学生被动接受为主,容易造成学生学习的消极态度。体验式教学法通过提供实际参与的机会,让学生亲身体验和感受,可以激发他们的学习兴趣和主动参与的积极性。例如,在思想政治教育中,可以模拟政治会议、社会实践等场景,让学生在实际中感受到思想政治教育的重要性和实际应用,从而增强他们对学习的主动性。

体验式教学法有利于提高学生的实践能力和创新能力。在传统的思想政治教育中,学生往往只停留在书本知识的学习和理解层面,很难将知识用于实际问题的解决中。体验式教学法通过让学生参与实际活动和实践项目,可以培养学生的实践能力和创新能力。例如,在政治会议模拟中,学生需要充分发挥自己的思维能力和创造力,解决各种实际问题。通过这样的实践,学生可以将所学知识运用到实际解决问题中,从而有效提升自身的实践能力。

体验式教学法能够促进学生合作与交流能力的发展。在传统的课堂教学中,学生的学习活动往往是孤立的,缺乏与他人的交流与合作。体验式教学法强调通过小组合作、角色扮演等方式,促进学生之间的交流与合作。这对于培养学生的团队合作精神和沟通交流能力具有重要意义。在思想政治教育中,学生可以通过小组辩论、案例分析等形式互相交流和分享,增加学习的乐趣和效果。

三、体验式教学法的实施步骤与注意事项

(一)实施步骤

在运用体验式教学法进行思想政治教育时,为确保教育效果和教学质量,必须注意实施步骤的规划与执行。以下将介绍几个关键的实施步骤。

1. 明确教学目标

在体验式教学中,明确教学目标是至关重要的一步。教师应该清楚地了解学生需要掌握的知识和技能,以及他们所需要发展的思想品质和态度。只有明确教学目标,才能更好地指导实施过程,确保教育的针对性和有效性。

2. 设计体验活动

体验式教学强调通过实践、互动和参与来激发学生的学习兴趣和积极性。在实施过程中,教师需要设计一系列的体验活动,以引导学生深入参与并体验所学内容。这些活动可以包括课堂讨论、小组合作、案例分析、实地考察等,通过丰富多样的活动形式激发学生的学习兴趣和动力。

3. 提供资源支持

对于体验式教学来说,提供适当的资源支持至关重要。教师应该积极寻找各种资源,包括文献资料、案例分析、专家讲解等,以便学生能够充分了解和体验相关的知识和技能。教师还可以利用互联网资源,如在线教学平台、网上论坛等,进一步拓宽学生的学习渠道和资源。

4. 组织评估和反思

在实施体验式教学的过程中,教师需要不断进行评估和反思,以检查和评价学生的学习效果和教学质量。评估可以包括课堂测试、个案报告、小组讨论等形式,教师需要根据评估结果及时调整和改进教学策略,以实现更好的教学效果。

(二)注意事项

在实施体验式教学法时,需要特别注意以下几点。

1. 确保学生的参与度

体验式教学的核心是学生的主体地位,因此教育工作者应该充分关注学生的参与度。为了确保学生积极参与,可以采用多种策略,如设置小组合作任务、引入案例分析和讨论等。通过组织学生互动与合作,可以提高学生在教学过程中的兴趣和积极性。

2. 设计具体的体验活动

体验式教学法强调通过亲身参与和实际体验来获得知识和技能。因此，在实施过程中，教育工作者要设计具体的体验活动，以便学生能够真正地感受和体验到教学内容。可以采用实地考察、模拟实验、角色扮演等方法。

3. 关注情感体验和情感教育

体验式教学重视学生的情感体验和情感教育，使他们能够全面发展并具备情感素养。因此，在实施过程中，教育工作者应该重视学生的情感体验，并通过积极的教育引导来培养他们的情感认知和情感表达能力。可以将一些情感课程和活动纳入体验教学中，如情景剧演出、情感分享和心理疏导等，以促进学生情感的良性发展。

4. 个性化学习的考虑

每个学生都具有不同的学习风格和学习需求。在体验式教学中，教育工作者应该充分考虑学生的个性化学习需求，并灵活调整教学活动。可以根据学生的兴趣和能力选择不同的体验项目，提供个性化的学习资源和支持，以满足学生的不同学习需求，并促进他们的个性化成长和发展。

5. 持续评估和反思

体验式教学的过程是一个不断探索和反思的过程。在实施过程中，教育工作者应该及时进行评估和反思，以了解学生的学习情况和效果，并对教学活动进行调整和改进。可以通过问卷调查、学习笔记、个案分析等方式进行评估，同时鼓励学生积极参与自我评估和互评，以激发他们的学习动力，提升其自我发展能力。

第三节 情景模拟教学法

一、情景模拟教学法的特点与实施原则

情景模拟教学法是一种基于现实情境的教学方法,其主要目的是通过模拟真实的场景和情境,让学生亲身参与并积极参与学习。这种教学方法的产生,源于对传统教育模式局限性的反思,以及对提升学生实践能力的现实需求。

(一)主要特点

情景模拟教学法强调学生的主动参与和体验式学习。通过构建真实的情境,学生在情境中扮演不同的角色,深入感受和体验真实的社会环境,从而激发学生的学习兴趣和主动性。

情景模拟教学法注重培养学生的综合能力。在构建的真实情境中,学生需要积极运用多种技能,如思维能力、创造能力、表达能力等,以应对情境中的各种挑战和问题。通过培养学生的综合能力,情景模拟教学法能够更好地满足高校思想政治教育的要求,提升学生的综合素质。

情景模拟教学法强调以问题为导向的学习。在构建的真实情境中,学生面临着各种复杂的情境和挑战,其需要通过独立思考或协作探究,提出兼具针对性和可行性的问题解决方案。这种问题导向的学习方式能够提升学生的分析和解决问题的能力,培养他们的创新思维和实际操作能力。

情景模拟教学法具有灵活性和互动性的特点。教师可以根据学生的特点和需求进行灵活的情境设计,并通过互动和讨论的方式激发学生的思考和交流。这种互动式的教学方式能够促进学生之间的合作与交流,培养他们的团队意识和沟通能力。

情景模拟教学法注重情感和态度的培养。在情景模拟中,学生可以深入了解真实情景中的社会问题和现象,从而引发情感共鸣,塑造正确的价值观。情景模拟教学法通过情感和态度的培养,能够更好地达到高校思想政治教育的目标,促进学生全面健康成长。

(二)实施原则

在应用情景模拟教学法进行思想政治教育时,需要遵循一些重要的实施原则。这些原则的遵循能够有效地促进学生的学习和成长,使教学达到预期的效果。以下是几个要注意的实施原则。

1. 设计真实情境

情景模拟教学法的核心在于通过创造真实的情境来进行教学。因此,在进行教学设计时,必须确保所设计的情境具有真实性和可信度。这需要教师深入了解学生的背景和环境,了解学生可能面临的真实问题和挑战,并结合实际情况设计相关的情境。

2. 激发学生的主动参与

情景模拟教学法要求学生积极参与进来,扮演相关角色,亲身体验和解决问题。因此,在实施过程中,教师应该鼓励学生主动参与讨论、提问,激发学生的积极性和主动性。教师可以采用小组讨论、角色扮演等活动形式,让学生充分发挥自己的想象力和创造力。

3. 关注个体差异

每个学生都有自己的特点和需求,因此在进行情景模拟教学时,应该充分关注个体差异,采取个性化的教学策略。教师可以根据学生的不同需求,提供不同的任务和角色扮演的机会,让每个学生都能找到适合自己的方式参与进来,实现个体需求与整体目标的统一。

4. 及时反馈和评估

情景模拟教学的一个重要特点是实时性和互动性,学生在情境中进行角色扮演和问题解决时,教师应及时给予反馈和评估。这样可以让学生及时调整策略,纠正错误,提高学习效果。教师可以采用口头反馈、书面评估等方式,帮助学生全面了解自己的表现,不断改进和提升。

二、情景模拟教学法在高校思想政治教育中的应用

在互联网时代高校思想政治教育中,情景模拟教学法被广泛应用,并取得了显著的效果。

情景模拟教学法可引导学生扮演不同的角色,生动还原各类社会场景。通过这样的实践活动,学生能够亲身体验真实的社会环境,感受不同角色的责任和压力。这种亲身参与的方式能够有效激发学生的学习兴趣,提高他们对思政课的参与度,使理论知识在实践互动中真正内化为解决实际问题的能力素养。

情景模拟教学法在高校思想政治教育中的应用能有效培养学生的实际能力和创新精神。通过模拟真实场景,可以让学生锻炼解决问题的能力和创新思维。例如,在一个模拟工作环境中,学生需要通过团队协作完成一个任务。这个任务可能面临各种困难和挑战,需要学生们运用自己的知识和能力,进行合理的分工、有效的沟通和创新的解决方案,进而解决问题。通过这样的实践,学生能够培养解决实际问题的能力,提高创新意识和实践能力。

情景模拟教学法的应用还能够促进学生的思维的开阔和全面发展。在情景模拟中,学生需要不断思考、分析和判断,面对各种情况做出决策。通过这样的实践,学生能够锻炼自己的思维能力,加深对问题的理解和把握。情景模拟教学法也能够拓宽学生的视野,让他们从更广阔的角度审视问题,培养综合考量和多元思维的能力。

三、情景模拟教学法的实施步骤和注意事项

(一) 实施步骤

在使用情景模拟教学法进行高校思想政治教育时,需要经过一系列的实施步骤。下面将详细介绍这些步骤。

1. 确定教育目标

在开始实施情景模拟教学法之前,教师需要明确教育的目标。这包括思想政治教育的核心内容,所需培养的思想品质和能力等。只有明确了教育目标,才能更好地设计和安排后续的教学活动。

2. 选择教学材料

情景模拟教学法需要基于真实的情境,在选择教学材料时,教师应该选择与目标相关的真实案例、场景或问题。这样才能更好地引发学生的兴趣和思考,促使他们积极参与教学活动。

3. 设计情景模拟

在设计情景模拟时,教师应该根据教育目标和教学材料,构建一个具有情景感的学习环境。这可以通过创设角色扮演、模拟实际场景、使用影音资料等方式来实现。教师还需要安排教学流程和时间,使学生在情景模拟中有序地进行学习和交流。

4. 引导学生参与

情景模拟教学法着重于学生的主体地位,教师需要充分发挥引导和辅助的作用,在教学过程中引导学生思考、问题解决和合作交流。教师可以通过设置问题、提供案例分析、启发思考等方式,激发学生的学习积极性,培养其思维能力。

5. 开展反思和评估

在情景模拟教学结束后,教师应该引导学生进行反思和评估。学生可以自我评价自己在情景模拟中的表现。教师也可以通过观察和讨论的方式进行评估。这既有助于学生对学习成果的巩固和总结,也有助于教师对教学效果进行反思和调整。

(二)注意事项

在运用情景模拟教学法进行高校思想政治教育时,需要注意以下几个方面。

1. 注重情境的真实性与生动性

情景模拟教学法的核心目的是让学生能够在一个模拟的真实场景中体验和应对各种问题和挑战。因此,在设计情景时,教师应该尽量将情景设置得真实、具体,并能够激发学生的兴趣与参与度。这需要教师在选取场景和设置角色时具备一定的专业素养和思考能力。教师还可以借助现代技术手段,如多媒体、虚拟现实等,使情景更加生动有趣。

2. 关注学生的个体差异

每个学生的思维和行为都存在差异,他们对情景的理解和反应可能各不相同。因此,在实施情景模拟教学时,教师需要充分考虑学生的不同特点和需求,为他们提供个性化的指导和辅助。可以通过分组、个别辅导等方式,给予学生更多的自主性和发展空间,从而更好地促进他们的思考和成长。

3. 确保情景模拟教学与理论知识的融合

情景模拟教学法并不意味着完全舍弃传统的理论教学,相反,它应该与理论知识相互渗透、相互支持。在设计情景时,教师需要将相关理论知识自然融入情景之中,使学生能够在实际操作中理解和应用理论。同时,要注意在情景模拟教学的过程中进行适当的理论总结和反思,帮助学生从实践中提取和归纳出有用的知识和经验。

4.持续评估和改进情景模拟教学效果

教师在教学过程中要及时关注学生的学习情况和反馈,采取有效措施进行评估和调整。可以通过观察、问卷调查、小组讨论等方式,了解学生在情景模拟中的表现和成果,从而对教学设计进行必要的修正和改进。同时,要借鉴其他教学方法和案例,不断拓展和创新情景模拟教学的应用领域,以适应不断变化的教育环境和需求。

第四章　互联网时代高校思想政治教育的创新与发展

第一节　大数据技术在高校思想政治教育中的应用与发展

一、大数据技术的概念

(一)大数据的定义

大数据是指那些规模巨大、复杂多样、速度快且具备价值的数据集合。它是以技术和工具为基础,通过对数据采集、存储、处理、分析和挖掘等环节的全面应用,为人们提供了更深入的洞察和更准确的决策支持。大数据技术的出现既为人们带来了巨大的机遇和挑战,也为高校思想政治教育的改革提供了新的思路和方法。

(二)大数据的特点

1. 数据量大

大数据的一个显著特点就是数据量巨大。传统的数据处理方式难以处理这样庞大的数据量,而大数据技术能够应对海量的数据,包括结构化数据和非结构化数据。

2. 数据多样性

大数据不仅指的是数量大,也包括了数据的多样性。在现实生活中,各种类型、各种格式的数据不断被产生出来。这些数据可以来自社交媒体、传感器、设备日志、图像和视频等。大数据技术能够解决这些多样性数据的存储、处理和分析问题。

3. 数据时效性

在大数据时代,数据的时效性也变得非常重要。传统的数据处理方式无法及时地处理海量的数据,而大数据技术能够实时地获取、分析和应用数据。这种实时性使大数据技术可以支持决策的快速反应和实时分析。

4. 数据价值

大数据技术不仅能够处理大量的数据,还能够从中提取有价值的信息。通过对大数据进行挖掘和分析,可以发现潜在的商业机会、消费趋势和用户行为,从而为企业决策提供有力支持。

5. 数据隐私和安全

大数据时代面临着数据隐私和安全的挑战。大数据技术需要保证数据的安全性和隐私性,避免敏感信息的泄露和滥用。在大数据应用的过程中,需要采取合适的安全措施来保护数据的安全。

(三)大数据的分类

在大数据技术中,大数据的分类对于数据的应用和处理具有重要意义。根据数据的来源、性质和处理方式,大数据可以被分为多个不同的类型。

从数据的来源来看,大数据可以分为结构化数据和非结构化数据。结构化数据是指以固定模式和格式存储的数据,如关系型数据库中的表格数据,可以进行规整和分类。非结构化数据是指存储形式灵活、难以规整的数据,如文本、图像、音频和视频等,这种数据类型相对更加复杂,需要通过文本挖掘、图像处理等技术进行分析和提取。

从数据的性质来看,大数据可以分为定量数据和定性数据。定量数据是指可以用数值表示和度量的数据,如人口数量、温度、销售额等,这类数据可以进行统计分析、趋势预测等操作。定性数据则是指描述性的、非数值化的数据,如文本评论、用户评价等。对于定性数据的分析,可以采用文本挖掘、情感分析等方法,以提取有用的信息。

从数据的处理方法来看,大数据可以分为实时数据和离线数据。实时数据是指实时生成和处理的数据,如传感器数据、交易数据,对于这种类型的数据,处理时间要求比较紧迫,需要采用实时的处理方法,如流式处理和实时分析。离线数据是指经过一定时间积累后的数据,如历史销售数据、用户访问日志等,对于这种类型的数据,处理时间相对更加灵活,可以采用批处理的方式进行分析和挖掘。

二、大数据技术在高校思想政治教育中的应用

(一)数据采集与处理

在高校思想政治教育中,利用大数据技术进行数据采集与处理是至关重要的一环。数据的获取和整理对于有效分析和提供可靠的决策依据起到了关键的作用。以下将重点介绍数据采集与处理的相关内容。

数据采集是指通过各种手段获取相关数据的过程。在高校思想政治教育中,数据采集可以通过多种途径来实现。例如,可以利用学生学习平台、网络问卷调查、访谈记录等方式获得学生的学习情况、思想动态、兴趣爱好等方面的数据。同时,也可以通过社交媒体渠道获取学生在网络空间上的言论、观点和思想倾向。通过这些途径的数据采集,可以更加全面地了解学生的思想状态和需求。

数据处理是对采集到的数据进行整理、分析和加工的过程。数据处理的目的是从庞杂的数据中提取有价值的信息,并为决策提供可靠的依据。在高校思想政治教育中,数据处理需要借助大数据技术的支持,利用数据挖掘、机器学习等方法对海量的数据进行分析和提炼。通过对数据的处理,可以发现学生的兴

趣倾向、思维方式、问题关注点等方面的特征,从而有针对性地进行教育引导和改进。

数据采集与处理的过程中需要注意保护学生的隐私和个人信息安全。在进行数据采集时,应当遵循相关法律法规和伦理规范,确保学生的个人隐私不被泄露和滥用。同时,在数据处理过程中,需要采取安全措施以保证数据的机密性和完整性。只有建立起安全可靠的数据采集与处理系统,才能有效保障数据的有效性和可信度。

(二)内容分析与传播

在大数据技术的支持下,高校思想政治教育中的内容分析与传播变得更加高效和准确。利用大数据技术,可以对学生的学习情况、思想动态及心理状态进行精准分析。通过采集和处理学生的学习数据,如课程参与情况、作业完成情况、在线学习时长等,可以得出学生的学习习惯、学科特长及学习困难点等信息。这些信息可以帮助教师更好地了解学生,进而调整教学策略,因材施教,提高教学效果。

大数据技术为高校思想政治教育的内容传播提供了全新的方式和途径。通过分析学生的兴趣爱好、网络行为等数据,可以对学生的信息获取渠道和偏好进行深入了解。基于这些了解,可以精准推送相关内容,通过定制化的教育资源,满足学生个性化学习的需求。利用大数据技术进行内容传播还可以实现动态跟踪和分析学生对教育内容的反馈和理解程度,为教师提供及时的反馈和改进意见。

(三)教育管理与决策

教育管理与决策是高校思想政治教育中至关重要的方面之一。大数据技术的应用为该领域带来了巨大的变化和机遇。

在教育管理方面,大数据技术能够实现对学生的全面把握和跟踪,从而精准地评估学生的学习情况和综合素质。通过对学生的学习数据、行为数据及社交媒体数据的分析,高校可对学生进行个性化的教学辅导,为学生提供精准的发展指导。

在教育决策方面,高校可以通过对大规模学生数据的挖掘和分析,深入了解学生的学业特点、兴趣爱好及成长需求,从而制定相应的教育政策和方案。大数据技术还可以帮助高校预测学生的发展趋势和就业前景,为教育决策提供科学依据,确保教育目标的实现。

三、大数据技术在高校思想政治教育中的实施策略

(一)提升大数据处理能力

在高校思想政治教育中,提升大数据处理能力是实施大数据技术的一项重要策略。现代社会中产生的庞大数据量对于高校思想政治教育具有深远的影响,因此需要通过不断提升大数据处理能力,充分挖掘和分析这些数据,以更好地指导和改进教育工作。

1. 加强大数据技术的研发和应用

大数据处理是指通过数据挖掘、数据分析等技术手段,深入挖掘数据背后的有价值信息。为此,高校需要加强与相关行业和研究机构的合作,充分利用他们在大数据技术方面的经验和专业知识,推动大数据技术在高校思想政治教育中的应用。

2. 加强大数据处理人才的培养

提升大数据处理能力需要具备一定的技术和专业知识,因此高校应该加强相关专业的培养和教育,培养一批掌握大数据处理技术的人才。这些人才不仅能够帮助高校建立完善的数据采集系统,还能够运用数据分析方法帮助高校发现问题、改善教育工作。

3. 加强对大数据处理技术的应用研究

当前,大数据技术的应用还处于相对初级阶段,仍然存在许多问题和挑战。高校应该鼓励教师和研究人员开展相关的研究工作,探索更加有效的大数据处

第四章　互联网时代高校思想政治教育的创新与发展

理方法,为提高高校思想政治教育质量提供技术支持和智力支持。

(二)建设完善的数据采集系统

在高校思想政治教育中,建设一个完善的数据采集系统,收集和整合各类数据,能够让教育工作者更加深入地了解学生的思想动态、行为习惯及学习情况,从而为他们提供更为个性化的教育服务和支持。

在建设数据采集系统的过程中,教育工作者需要确定数据的采集目标和范围。可以从多个维度对学生进行数据采集,包括学习成绩、活动参与情况、学习过程中的问题和困惑、思考方式、社交网络活跃度等。通过多角度的数据采集,教育工作者能够更全面地了解学生的需求和特点。

为了确保数据的准确性和完整性,教育工作者需要建立一个高效可靠的数据采集机制。该机制应当包括专门的数据采集工具和流程,确保数据能够及时、准确地被采集并传输到相应的数据库中。同时,需要建立相应的数据管理团队,负责数据采集的监控、分析和处理,确保数据的真实性和可信度。

在建设完善的数据采集系统时,应当注重保护学生隐私和数据安全。教育工作者需要制定严格的数据安全政策和措施,确保学生的个人信息不会被滥用或泄露,同时合法合规地使用学生的数据。同时,应当教育学生关于数据隐私的重要性,并征得他们的知情同意。

建设完善的数据采集系统不仅需要技术支持,也需要相应的人才和资源投入。高校应当培养和吸引专业的数据管理人员,他们能够熟练运用大数据分析工具和方法,挖掘数据中蕴含的有价值的信息。高校还需要提供足够的设备和资金支持,以保证数据采集系统的正常运行和数据分析的顺利进行。

(三)优化教育内容的数据化进程

在高校思想政治教育中,优化教育内容的数据化进程是大数据技术的重要应用方向之一。通过数据化的手段,教育工作者可以更好地了解学生的学习需求、教育需求,以及他们对思政教育的态度和参与度。在优化教育内容的数据化进程中,有几个关键点需要着重考虑。

1. 建立完善的学生数据档案

通过建立学生的个人信息、学习成绩、参与活动情况等多样化的数据档案,可以对学生进行全面的分析和评估。这样,教育工作者可以根据学生的特点和需求,量身定制个性化的教育内容,提高思政教育的针对性和有效性。

2. 利用大数据技术进行学习行为分析

通过分析学生的学习行为,如学习时间、学习习惯、学习资源的选择等,教育工作者可以了解学生的学习特点,并根据分析结果进行相应调整。同时,通过比较不同学生的学习行为,教育工作者可以发现一些学习策略和方法上的差异,以及他们对不同内容的兴趣程度,从而更好地指导教学实践。

3. 注重对教育内容的挖掘和优化

通过对教学过程中产生的大量数据进行分析和挖掘,可以发现学生的学习偏好、知识盲点及思维方式等重要信息。在此基础上,教育工作者可以有针对性地改进教育内容,增加有针对性的案例和教育资源,提高学生的学习兴趣和参与度。

第二节 虚拟现实技术在高校思想政治教育中的应用与发展

一、虚拟现实技术的概念

(一)虚拟现实技术的定义

虚拟现实(Virtual Reality,VR)技术是一种通过计算机生成的多媒体技术,

第四章 互联网时代高校思想政治教育的创新与发展

能够创造出仿真的视觉、听觉和触觉等感觉,使用户沉浸在虚拟的环境中。虚拟现实技术的核心概念是"沉浸感",通过模拟真实世界的感官体验,提供给用户一种身临其境的感觉。

在虚拟现实技术中,用户通常通过佩戴特殊的设备,如头戴式显示器和手柄控制器,来与虚拟环境进行交互。头戴式显示器能够实时显示虚拟环境,使用户感觉仿佛置身其中。手柄控制器允许用户通过手势和动作来操作虚拟环境中的物体。

虚拟现实技术的演进经历了多个阶段。最早的虚拟现实技术通过显示器和计算机图像来实现,用户的交互方式比较有限。随着技术的发展,虚拟现实技术逐渐加入了音频和触觉等方面的模拟,使用户能够更全面地感受虚拟环境。近年来,随着硬件设备的提升和计算能力的增强,虚拟现实技术取得了巨大的突破,实现了更高度的真实感,为用户带来了更加逼真的体验。

(二)虚拟现实技术的分类

虚拟现实技术的快速发展和广泛应用给人们带来了全新的体验和可能性。根据技术实现方式和应用领域的不同,虚拟现实技术可以分为以下几类。

基于仿真的虚拟现实技术可以模拟现实世界的环境和场景。通过高精度的3D模型和模拟技术,用户可以沉浸在一个虚拟的环境中,与其中的对象进行交互。这种技术通常用于游戏、娱乐和建筑设计等领域。例如,在游戏中,玩家可以通过佩戴VR头盔和手套来"进入"游戏世界,并与虚拟角色进行互动。

基于增强的虚拟现实技术将虚拟元素叠加到现实世界中,使用户可以同时感知虚拟和现实的存在。这种技术通常使用智能手机、平板电脑或增强现实(Augmented Reality,AR)眼镜等设备。通过识别和追踪现实世界中的物体,虚拟元素可以与之进行互动。这种技术在教育、培训和维修等领域有广泛的应用。例如,在教育中,学生可以通过AR技术观察和分析模型,以更好地理解抽象的概念。

基于混合的虚拟现实技术结合了前两种技术的优势,实现了更加沉浸和真实的用户体验。这种技术通常需要高性能的设备,如专业的头戴式显示器和追踪设备。用户可以与虚拟世界中的对象进行实时的互动和交流。这种技术在医疗、设计和航空航天等领域有着重要的应用。例如,在外科手术中,医生可以利用虚拟现实技术模拟手术过程,提前规划手术步骤,从而提高手术的准确性和安全性。

虚拟现实技术还可以根据应用领域和用户需求进行细分和衍生。例如,虚拟现实技术在游戏中的应用可以分为射击类、体育类和冒险类等不同类型。每种类型都有着特定的技术实现和用户体验。

虚拟现实技术可以根据技术实现方式和应用领域进行分类,包括基于仿真、增强和混合的虚拟现实技术等。不同的分类方式提供了不同的体验和应用场景,满足了用户在娱乐、教育、医疗等领域的不同需求。深入了解虚拟现实技术的分类,可以更好地应用和开发这一新兴技术,为高校思想政治教育的创新提供更多的可能性。

二、虚拟现实技术在高校思想政治教育中的应用

(一)应用背景和需求

虚拟现实技术作为一种新兴的教育技术,正在被越来越多的高校思想政治教育引入和应用。这种技术基于计算机模拟生成一种虚拟的场景或环境,通过人机交互的方式让学生进行互动体验,从而达到更加生动、具体和有效的教育效果。

在高校思想政治教育中,应用虚拟现实技术有着重要的背景和需求。随着社会的发展和改变,传统的教育方式已经难以满足学生多元化、个性化的需求。传统的课堂教学往往过于枯燥和抽象,难以引起学生的兴趣和注意。虚拟现实技术可以为学生提供一种沉浸式的学习体验,使学习变得更加生动有趣。

高校思想政治教育的目标是培养学生的思想道德素质和综合素养,但现实中往往面临着许多限制和挑战。例如,一些重大历史事件、社会问题等往往无法直接展现给学生,难以让学生真正理解和体会到其中的深刻意义。虚拟现实技

第四章 互联网时代高校思想政治教育的创新与发展

术可以通过模拟和再现这些场景,让学生感受到真实的情境,更好地理解和思考相关问题。

高校思想政治教育中也存在着需求和期望,希望能通过创新的教育技术提升教学效果和质量。虚拟现实技术正是这样一种创新的教育工具,它能够打破传统学科界限,打破时间和空间的限制,让学生能够身临其境地参与学习。这不仅能够提高学生的参与度和学习积极性,也能够激发学生的创新思维和实践能力。

(二)应用实践和效果

虚拟现实技术在高校思想政治教育中的应用呈现出积极的效果。利用虚拟现实技术,高校思想政治教育可以创造出一个虚拟的社会环境,让学生在模拟的场景中进行实践,提升其参与度和主动性。例如,在模拟的领导交流会议中,学生可以扮演不同的角色,亲身体验团队合作和决策过程,从而提升团队合作和组织管理能力。

在高校思想政治教育中应用虚拟现实技术,能够促进学生的情感体验和情绪管理能力的培养。通过虚拟现实技术,学生可以身临其境地感受不同场景下的情绪变化,并在虚拟环境中学习冷静应对和自我调节的技巧。例如,模拟的紧张压力下的情境,引导学生进行心理辅导和情绪管理训练,使学生能够更好地应对日常生活和学习中的压力和情绪困扰。这种虚拟体验的方式可以更好地激发学生的情感共鸣和主动参与,进而提升他们的情感体验和情绪管理能力。

在高校思想政治教育中应用虚拟现实技术,可以加强学生的认知能力培养。虚拟现实技术提供了一种多维度、多感官的学习方式,有助于学生全面感知和理解相关概念和知识。例如,在学习历史文化方面,学生可以通过虚拟实境参观历史古迹或参与历史事件的重现,从而更加直观地了解和体验历史事件的演变和影响。这样的学习方式有效地激发了学生的学习兴趣和学习积极性,并帮助他们更好地掌握和应用所学知识。

三、虚拟现实技术在高校思想政治教育中的实施策略

(一)高校应用虚拟现实技术的实施策略

高校应用虚拟现实技术的实施策略对于提升思想政治教育质量至关重要。以下是几个关键的实施策略。

1. 明确目标与需求

在应用虚拟现实技术之前,高校需要明确思想政治教育的目标与需求。这有助于确定虚拟现实技术在教育中的具体应用场景与功能,并帮助教师和学生更好地理解和应用这一技术。

2. 整合资源与合作共建

高校应积极整合现有的教育资源,如教师的教学内容、校园的实际场景等,并与相关部门或企业合作共建虚拟现实技术的应用平台。这样可以有效利用各方面的资源,提供更全面、丰富的教育体验和教学环境。

3. 提供多样化的学习体验

虚拟现实技术可以为学生提供多样化、互动性强的学习体验。高校应鼓励教师设计和开发各类虚拟现实教学内容,包括模拟实验、虚拟实地考察和角色扮演等,丰富学生的学习途径,并通过这些体验激发学生的学习兴趣与动力。

4. 配备高质量的硬件设备

虚拟现实技术的应用需要一定的硬件支持,高校在实施策略中应充分考虑硬件设备的选择与配备。建议选择性能稳定、操作便捷的虚拟现实设备,并配备相应的教学软件和系统,确保教学过程的流畅性和稳定性。

（二）高校虚拟现实技术应用的优化策略

为了进一步提升虚拟现实技术应用的效果与效益，高校可以采取以下策略。

高校应加强虚拟现实技术的基础设施建设。建设现代化的虚拟现实实验室和实训场所，配备先进的虚拟现实设备和软件系统。这能够为学生提供优质的虚拟现实学习环境，为教师提供更好的教学资源支持。

高校需要加强师资队伍建设。招聘具备深厚的学科知识和技术实践能力的教师，培养一支专业化、高水平的虚拟现实技术教师队伍。这些教师应具备较强的创新意识和教学能力，能够多样化地应用虚拟现实技术进行教学。

高校需要与企业、研究机构等外部合作伙伴建立起紧密的联系与合作关系。与研究机构合作可以获得虚拟现实技术的最新发展动态，而与企业合作可以为学生提供实践机会，并促进科研成果的转化和应用。这样的合作有助于拓展高校虚拟现实技术应用的深度和广度。

为了提高学生对虚拟现实技术的应用能力，高校应推行虚拟现实技术的跨学科融合教学模式。将不同学科的知识与虚拟现实技术相结合，打破传统的学科壁垒，培养学生的创新思维和综合运用能力。

高校应加强对虚拟现实技术应用效果的评估和监测。建立科学有效的评价指标和体系，对虚拟现实技术应用的教学效果进行定量和定性的评估，并及时进行改进和优化。这有助于高校更好地了解虚拟现实技术的实际应用效果，提供有针对性的改进建议。

第三节　人工智能技术在高校思想政治教育中的应用与发展

一、人工智能技术的概念

(一)人工智能的定义

人工智能(Artificial Intelligence,AI)是指通过模拟人类智能思维和行为的技术和方法,使计算机系统具备像人类一样的理解、推理、学习、判断和决策能力。

在人工智能的定义中,关键的观点是模拟人类智能。这意味着人工智能不仅仅是对数据的处理和模式的识别,而是更加注重对于复杂问题的解决能力和类似人类的智能思维方式。人工智能的目标是开发出能够自主学习、自主推理和自主决策的智能系统。

人工智能的定义强调技术和方法的重要性。人工智能的发展离不开各种算法和模型的支持,这些技术和方法包括机器学习、深度学习、自然语言处理、计算机视觉等。这些技术和方法是人工智能实现智能化的核心。

人工智能的定义提到了计算机系统具备像人类一样的理解、推理和判断能力,这是人工智能技术追求的目标。通过人工智能技术,计算机系统能够理解人类语言,从大量的信息中提取有用的知识,进行推理和判断,甚至能够进行辩证思考和深度分析。

(二)人工智能的主要技术

人工智能作为一门跨学科的领域,以模拟、延伸和扩展人类智能的方式,致力于研究和开发智能系统。在人工智能的发展过程中,涌现了许多重要的技术,其中几种主要的技术被广泛用于不同领域。

1. 机器学习技术

机器学习通过让计算机系统自动学习和改进,使其能够从大量数据中识别模式、进行预测和决策。这种技术可以使机器通过学习和经验积累逐渐提高性能,从而实现更准确和智能的任务执行。

2. 自然语言处理技术

自然语言处理技术旨在让计算机理解和处理人类语言,使其能够与人类进行自然而流畅的交流。这种技术涉及语音识别、文本理解、语义分析等方面的研究,可被广泛用于智能助理、机器翻译、搜索引擎等领域。

3. 计算机视觉技术

计算机视觉技术旨在使计算机系统能够理解和解释图像和视频数据。通过图像识别、目标检测、场景理解等方法,计算机可以从视觉输入中提取有用的信息,并进行相应的处理和应用。这种技术在智能监控、人脸识别、医学影像等领域具有巨大的应用潜力。

4. 智能推荐系统

智能推荐系统利用数据分析和机器学习算法,根据用户的历史行为和偏好,为其提供个性化和精准的推荐服务。这种技术可以用于电子商务、在线媒体、社交网络等场景,为用户提供更好的使用体验。

二、人工智能技术在高校思想政治教育中的应用

(一)人工智能技术在思想政治教育中的应用分析

1. 数据分析与个性化辅导

人工智能技术在思想政治教育中的应用体现在对学生学习行为和学术表现

的数据分析上。通过收集学生学习过程中的数据,如学习时间、浏览内容等,并利用人工智能算法进行分析与挖掘,可以了解学生的学习兴趣、学习习惯及潜在的困难点。基于这些数据分析结果,可以为学生提供个性化的辅导和学习建议,帮助他们更好地掌握思想政治知识。

2. 虚拟现实技术与情景模拟

人工智能技术可以结合虚拟现实技术,实现思想政治教育中的情景模拟。通过利用人工智能生成的虚拟场景和角色,学生可以身临其境地参与各种情境中,感受并理解不同的思想政治问题。

3. 智能化答疑与互动

利用自然语言处理技术和人工智能算法,可以实现智能问答系统,为学生解答思想政治问题。学生可以通过语音或文字与智能问答系统进行交互,获取即时的问题解答和相关资料,提高学习效率。人工智能技术还可以实现与学生的个性化互动,根据学生的回答和表现进行智能评估,为学习者提供有针对性的指导和反馈。

4. 自主学习与知识管理

人工智能技术在思想政治教育中可以促进学生的自主学习与知识管理。通过智能化的学习平台和资源库,学生可以根据自己的学习进度和需求进行个性化的学习路径规划和知识获取。人工智能技术可以根据学生的兴趣和学习历史,推荐适合的学习资源和学习方式,帮助学生自主掌握思想政治知识,并进行系统化的知识管理。

(二)人工智能技术在思想政治教育中的效果评估

为了评估人工智能技术在高校思想政治教育中的效果,需要综合考虑多个方面的因素。学生的学习成绩和表现可作为评估指标之一。通过对比使用人工智能技术和传统教学方式的学生在思想政治学科中的成绩差异,可以初步评估人工智能技术的教育效果。

学生的思想政治素养提升情况也是评估指标之一。通过观察学生在学习过程中的参与度、对思想政治内容的理解和反思能力的提升,可以评估人工智能技术是否能够有效地促进学生的思想政治教育。

教育工作者可以通过开展问卷调查、访谈等方式了解学生对于人工智能技术在思想政治教育中的体验和感受。他们是否认为人工智能技术为他们的学习带来了便利,是否觉得人工智能技术对他们的思想政治教育有所帮助等,也是评估人工智能技术在思想政治教育中的效果的重要参考。

除了定性和定量的评估方法外,教育工作者还可以借助先进的数据分析技术来进一步深入评估人工智能技术的效果。通过大数据分析和机器学习算法,可以对学生在思想政治学习过程中的各种行为和反应进行细致的分析,以掌握更多的评估维度和信息。

三、人工智能技术在高校思想政治教育中的实施策略

(一)实施策略

人工智能技术作为一种新兴的技术手段,在高校思想政治教育中具有广阔的应用前景。为了更好地实施这项技术,高校可以采取以下策略。

1. 加强师资队伍的建设

高校需要培养一支懂得如何利用人工智能技术进行思想政治教育的专业人才队伍。这些专业人才既要具备人工智能技术的专业知识,也要有深厚的思想政治教育理论功底。他们能够结合人工智能技术的优势,创新教学方式,提升思想政治教育的质量。

2. 建立完善的人工智能技术应用平台

高校应投入资金,建设一个适合思想政治教育的人工智能技术应用平台。

这个平台应当提供多样化的教学内容，包括思想政治教育的经典教材、案例分析、讨论话题等。平台还要具备强大的智能分析能力，能够根据学生的表现和回答，给予个性化的教学建议和指导。

3. 加强人工智能技术应用的评估与监督

高校应建立相应的评估机制，定期对思想政治教育中的人工智能技术应用进行评估。这样可以了解教育效果，及时修正教学方法和策略。高校还应加强监督，确保人工智能技术的应用不会带来不良影响。

4. 推动人工智能技术与其他学科的交叉与融合

人工智能是一个跨学科的领域，高校思想政治教育也应与其他学科进行紧密的合作。例如，在心理学、教育学等领域的专家参与下，共同探索人工智能技术在思想政治教育中的最佳应用方式，充分发挥人工智能技术在提升学生思想政治素质上的作用。

（二）创新发展策略

高校思想政治教育是培养学生社会责任感和价值观的重要环节，然而传统的教育方式和内容已经难以适应现代学生的需求和挑战。为了更好地引导学生形成正确的世界观、人生观和价值观，高校需要改变传统的思想政治教育模式。在这方面，人工智能技术可以提供有力支持和创新思路。

高校可以利用人工智能技术改进教学方法。传统的课堂教学往往偏向单向传授知识，而人工智能技术可以提供更加个性化和互动性的学习体验。通过智能辅助教学系统，学生可以根据自身的学习进度和兴趣进行学习，获得更加贴近自身需求的教育资源。

人工智能技术可以帮助高校开发与思想政治教育相关的创新教育工具和平台。通过与人工智能技术的结合，高校可以开发出个性化的学习应用程序、虚拟实境教学平台等。这些工具和平台不仅能为学生创造沉浸式的真实情境互动体

第四章 互联网时代高校思想政治教育的创新与发展

验,还可以根据学生的学习情况给予即时反馈和建议,帮助学生更好地理解和应用思想政治知识。

高校可以利用人工智能技术开展大数据分析和挖掘,深入了解学生的学习状态和心理健康状况。通过学生学习行为的数据分析,学校可以及时发现学生在学习上的困难和问题,并提供相应的帮助和支持。同时,通过对学生心理健康数据的分析,学校可以及时发现学生的心理问题,并提供相应的心理咨询和支持服务,保障学生的心理健康。

高校可以加强与人工智能产业的合作,共同推动思想政治教育的创新发展。通过与人工智能企业和团队的合作,高校可以获得更加先进和实用的教育技术和资源。双方可以共同开展研究和开发工作,探索更加有效和创新的思想政治教育模式和方法。

参考文献

[1] 罗典文."互联网+"时代的高校思想政治教育教学研究[M].北京:中国纺织出版社有限公司,2023.

[2] 秦旻,负雯,刘帅.互联网+时代背景下高校思政课程的教学模式探究[M].长春:吉林大学出版社,2022.

[3] 李凌,谭亚丽.高校思想政治教育理论课教学改革研究[M].长春:吉林大学出版社,2023.

[4] 王旭东.新时代高校思想政治理论课教学研究[M].哈尔滨:哈尔滨工程大学出版社,2023.

[5] 孙晨光.高校思想政治教育理论与实践[M].长春:吉林大学出版社,2023.

[6] 吴恒.新媒体时代的高校思想政治理论课教学改革与创新[M].天津:天津人民出版社,2022.

[7] 徐玉钦.新媒体时代高校思想政治教学模式研究[M].长春:北方妇女儿童出版社,2021.

[8] 钟家全.互联网与新时代高校思想政治教育队伍建设[M].成都:西南交通大学出版社,2021.

[9] 游敏惠.移动互联网时代高校思想政治教育路径研究[M].北京:中国社会科学出版社,2020.

[10] 陈莉.新时代高校思想政治教育教学改革与实践研究[M].西安:西北大学出版社,2020.

[11] 刘小春.高校网络思想政治教育引论[M].重庆:重庆大学出版社,2021.

[12] 连艳辉,闻竞,贾晓强.新媒体背景下高校思想政治教育的解读研究[M].长春:吉林出版集团股份有限公司,2020.

[13] 陈金平.多媒体时代高校的思政教育研究[M].北京:北京工业大学出版社,2020.